SUR LES PRINCIPES

AF404084

DE LA

THÉORIE GÉNÉRALE DES FONCTIONS,

PAR

M. RIQUIER,

PROFESSEUR A LA FACULTÉ DES SCIENCES DE CAEN.

PARIS,

GAUTHIER-VILLARS ET FILS, IMPRIMEURS-LIBRAIRES

DU BUREAU DES LONGITUDES, DE L'ÉCOLE POLYTECHNIQUE,

Quai des Grands-Augustins, 55.

—

1891

SUR LES PRINCIPES

DE LA

THÉORIE GÉNÉRALE DES FONCTIONS.

Depuis un certain nombre d'années, quelques géomètres, jugeant défectueuses les méthodes couramment employées dans l'enseignement du Calcul infinitésimal, ont essayé de l'asseoir sur une base nouvelle, et de *faire reposer la théorie générale des fonctions sur les propriétés des séries entières*. Nous devons citer au premier rang MM. Weierstrass et Méray, qui, sans connaître les travaux l'un de l'autre, s'étaient rencontrés dans la même voie.

M. Weierstrass n'ayant publié aucun Ouvrage d'ensemble sur la théorie des fonctions et s'étant borné à la développer dans des leçons orales, nous ignorons de quelle façon et dans quelles limites l'éminent géomètre pense que l'on doive tirer parti de cette idée. Quant à la méthode de M. Méray, qui se trouve exposée succinctement, mais complètement, dans un Ouvrage publié en 1872 ([1]), elle nous a paru, et de beaucoup, supérieure aux méthodes courantes. Telle qu'elle est cependant, elle soulève, à notre avis, certaines objections et ne nous semble pas s'adapter, avec toute la commodité désirable, au but élevé poursuivi par son inventeur. Nous signalerons, par exemple, comme ne conduisant pas toujours à des résultats satisfaisants : 1° la forme donnée par M. Méray à la proposition concernant la nullité identique

---

([1]) *Nouveau précis d'Analyse infinitésimale.*

d'une série entière (^{1}); 2° l'exclusion absolue de toute considération de continuité, soit dans la théorie des fonctions proprement dites, soit dans celle des expressions calculables par cheminement; 3° l'hypothèse restreinte consistant à supposer, dans tous les cas, que chacune des n variables imaginaires

$$x = x' + ix'', \qquad y = y' + iy'', \qquad \ldots$$

d'une fonction quelconque $f(x, y, \ldots)$ varie, indépendamment des autres, dans quelque portion ou *aire* donnée du plan qui sert à sa notation graphique, au lieu de supposer, plus généralement, que le point

$$(x', x'', y', y'', \ldots)$$

varie dans quelque portion donnée de l'espace à $2n$ dimensions; 4° la considération des *zones additionnelles*, constamment adjointes aux aires dont il s'agit (^{2}).

Conduit par une pratique journalière de l'enseignement à adopter, dans ce qu'elles ont de plus essentiel, les idées de M. Méray, nous nous sommes efforcé de remédier aux quelques inconvénients que, à tort ou à raison, nous avons cru y apercevoir. Puisse l'inventeur de la méthode nouvelle ne pas nous taxer de présomption, et accueillir avec indulgence ce modeste travail, dont nous serions fier qu'il daignât accepter la dédicace.

Préliminaires.

1. Nous nous appuierons plus d'une fois, dans le cours de ce travail, sur certaines définitions ou propositions contenues dans un Mémoire antérieur (^{3}); mais nous nous dispenserons le plus souvent de les formuler une seconde fois, nous bornant en pareil cas à l'indication des passages utiles. Les chiffres suivis d'un astérisque renverront le

---

(^{1}) *Nouveau précis*, p. 41.

(^{2}) *Ibid.*, p. 45.

(^{3}) *Sur les fonctions continues d'un nombre quelconque de variables, et sur le principe fondamental de la théorie des équations algébriques* (*Annales de l'École Normale*, septembre 1890).

lecteur aux divisions du Mémoire dont il s'agit, et les chiffres non suivis d'un astérisque à celles du présent Mémoire.

2. Nous nommerons *point à n coordonnées* tout système de valeurs particulières respectivement attribuées aux n variables *réelles* $x, y, \ldots$, et *espace à n dimensions* l'ensemble de tous les points à n coordonnées.

La *distance* des deux points

$$(x_1, y_1, \ldots), \quad (x_2, y_2, \ldots)$$

sera, par définition, la racine carrée non négative de la quantité

$$(x_2 - x_1)^2 + (y_2 - y_1)^2 + \ldots.$$

Dans l'espace à n dimensions, on a souvent à considérer, à l'exclusion de tous les autres points, ceux dont les coordonnées satisfont à certaines conditions, d'une nature absolument quelconque d'ailleurs : leur ensemble constitue ce qu'on appelle une *portion de l'espace à n dimensions.*

Une portion d'espace est dite *limitée*, lorsque la distance du point $(o, o, \ldots)$ à un point variable de la portion dont il s'agit ne cesse d'être inférieure à quelque quantité fixe.

Un point est dit *complètement extérieur* à une portion donnée de l'espace à n dimensions, lorsque sa distance à un point variable de cette dernière ne cesse d'être supérieure à quelque quantité *positive* fixe.

Enfin, une portion d'espace est dite *complète*, lorsque chacun des points qui n'en font pas partie lui est complètement extérieur ([1]).

([1]) Par exemple, en désignant par R une constante positive, et par $x_0, y_0, \ldots$ des constantes quelconques, positives, négatives ou nulles, le fragment d'espace défini par la relation

$$(x - x_0)^2 + (y - y_0)^2 + \ldots \leqq R^2$$

est à la fois limité et complet. Si l'on supprime le signe d'égalité qui figure entre les deux membres, pour ne laisser subsister que le signe d'inégalité, on obtient un fragment limité, mais incomplet.

3. Relativement à un groupe

$$s, \quad t, \quad \ldots$$

d'indéterminées réelles en nombre quelconque p, nous nommerons *intervalle complexe* l'ensemble de tous les systèmes de valeurs dont les éléments $s, t, \ldots$ se trouvent respectivement compris dans p intervalles simples

$$s_0 \text{ à } S, \quad t_0 \text{ à } T, \quad \ldots$$

(ou égaux à quelques-unes des valeurs extrêmes de ces intervalles).

Cela posé, si l'on désigne par

$$\varphi(s, t, \ldots), \quad \chi(s, t, \ldots), \quad \ldots$$

n fonctions réelles de $s, t, \ldots$, toutes continues (7^*) dans un même intervalle complexe, l'ensemble des n formules

$$(\text{I}) \quad \begin{cases} x = \varphi(s, t, \ldots), \\ y = \chi(s, t, \ldots), \\ \ldots\ldots\ldots\ldots\ldots, \end{cases}$$

où les divers systèmes de valeurs attribuées à $s, t, \ldots$ n'excèdent pas l'intervalle en question, définit ce que nous nommerons un *arc continu à p variables*, ou, pour abréger, un *arc à p variables* dans l'espace à n dimensions. Si, pour les valeurs considérées de $s, t, \ldots$, le point $(x, y, \ldots)$ défini par les formules (I) demeure constamment dans quelque portion déterminée de l'espace à n dimensions, nous dirons que l'arc dont il s'agit se trouve entièrement situé dans cette dernière.

Nous nommerons *point de l'arc*, tantôt un système de valeurs de $s, t, \ldots$ compris dans les limites ci-dessus spécifiées, tantôt le système des valeurs correspondantes que les formules (I) assignent aux variables $x, y, \ldots$. En particulier, si, dans chacun des intervalles simples où $s, t, \ldots$ sont respectivement assujettis à varier, on convient de considérer l'une des deux valeurs extrêmes comme valeur initiale, et l'autre comme valeur finale, il faudra entendre par *extrémité initiale* (ou *finale*) de l'arc donné, tantôt le système formé par les valeurs initiales (ou finales) de $s, t, \ldots$, tantôt le système formé par les valeurs correspondantes de x, y, ... Mais cette légère confusion de langage ne donnera lieu par la suite à aucune ambiguïté, et, dans chaque cas particulier, le lecteur apercevra bien facilement ce que nous aurons voulu dire.

4. Une portion de l'espace à n dimensions sera dite *continue* si, à deux points

$$(x_1, y_1, \ldots), \quad (x_2, y_2, \ldots),$$

y étant pris à volonté, on peut assigner quelque arc continu

$$x = \varphi(s, t, \ldots),$$
$$y = \chi(s, t, \ldots),$$
$$\ldots\ldots\ldots\ldots\ldots,$$

les admettant respectivement comme extrémités initiale et finale, et entièrement situé dans la portion d'espace dont il s'agit (3).

5. Étant donné dans l'espace à n dimensions un arc à p variables s, t, ..., si la suite (limitée)

$$(2) \qquad (s_1, t_1, \ldots), \quad (s_2, t_2, \ldots), \quad \ldots, \quad (s_g, t_g, \ldots)$$

est formée avec des systèmes de valeurs n'excédant pas l'intervalle complexe où le groupe des variables s, t, ... est assujetti à se mouvoir, nous dirons qu'elle constitue un *chemin inscrit dans l'arc*.

Nous dirons encore que le chemin ci-dessus défini admet comme *régulateur* la quantité positive ρ, si, pour deux systèmes consécutifs quelconques

$$(s_k, t_k, \ldots), \quad (s_{k+1}, t_{k+1}, \ldots)$$

de la suite précédente, les différences $s_{k+1} - s_k$. $t_{k+1} - t_k$, ... sont toutes numériquement inférieures à ρ.

Enfin, nous nommerons *sommets* de notre chemin inscrit, tantôt les systèmes de valeurs compris dans la suite (2), tantôt les systèmes formés par les valeurs correspondantes de x, y, ...

6. Nous nommerons *premier* et *secona élément* de l'imaginaire $a' + ia''$ les deux quantités réelles a', a''.

Si aux n variables

$$(3) \qquad x = x' + ix'', \qquad y = y' + iy'', \qquad \ldots$$

on attribue tous les systèmes possibles de valeurs imaginaires, les systèmes de valeurs réelles que prennent alors leurs éléments redonnent les divers points de l'espace indéfini à $2n$ dimensions. Il arrive d'ailleurs sans cesse que l'on ait à considérer exclusivement, dans telle ou telle question, les systèmes de valeurs des n variables (3) fournis par tel ou tel groupe de conditions subsistant entre leurs $2n$ éléments, ou, ce qui revient au même, les points situés dans telle ou telle portion de l'espace dont il s'agit.

Dans les questions qui comportent la considération de n variables imaginaires (3), et par suite de l'espace à $2n$ dimensions, on désigne un point quelconque de ce dernier, tantôt par ses n *coordonnées imaginaires*, c'est-à-dire par les n valeurs attribuées aux variables (3), tantôt par les $2n$ valeurs réelles attribuées à leurs éléments.

7. *Dans l'espace à $2n$ dimensions, à la considération duquel on est conduit par celle des n variables imaginaires x, y, $\ldots$ (6), traçons un arc continu à p variables s, t, $\ldots$ (3), et désignons par*

$$(4) \qquad \varepsilon_x, \quad \varepsilon_y, \quad \ldots$$

n constantes positives données, par

$$(s_1, t_1, \ldots), \quad (s_2, t_2, \ldots)$$

deux systèmes de valeurs arbitrairement choisis dans l'intervalle complexe où le groupe des variables s, t, $\ldots$ est assujetti à se mouvoir, enfin par

$$(x_1, y_1, \ldots), \quad (x_2, y_2, \ldots)$$

les systèmes de valeurs qui correspondent aux précédents pour les n variables imaginaires x, y, $\ldots$.

Cela posé, on peut assigner une constante positive β telle, que les différences

$$x_2 - x_1, \quad y_2 - y_1, \quad \ldots$$

présentent des modules respectivement inférieurs aux quantités (4), dès que les différences

$$s_2 - s_1, \quad t_2 - t_1, \quad \ldots$$

sont toutes numériquement inférieures à β.

Posons en effet

$$x = x' + ix'', \qquad y = y' + iy'', \qquad \ldots,$$
$$x_1 = x'_1 + ix''_1, \qquad y_1 = y'_1 + iy''_1, \qquad \ldots,$$
$$x_2 = x'_2 + ix''_2, \qquad y_2 = y'_2 + iy''_2, \qquad \ldots,$$

et désignons par ε la plus petite des quantités (4). Les coordonnées réelles x', x'', y', y'', ... d'un point variable de l'arc étant des fonctions continues de s, t, ... dans l'intervalle complexe considéré, c'est-à-dire dans un espace évidemment limité et complet (2) par rapport au groupe de ces indéterminées, on peut (9*) assigner un nombre positif β tel, que les relations

$$\text{val. num.}\,(x'_2 - x'_1) < \frac{\varepsilon}{\sqrt{2}},$$

$$\text{val. num.}\,(x''_2 - x''_1) < \frac{\varepsilon}{\sqrt{2}},$$

$$\text{val. num.}\,(y'_2 - y'_1) < \frac{\varepsilon}{\sqrt{2}},$$

$$\text{val. num.}\,(y''_2 - y''_1) < \frac{\varepsilon}{\sqrt{2}},$$

$$\ldots\ldots\ldots\ldots\ldots\ldots\ldots\ldots,$$

et par suite aussi les relations

$$\text{mod.}\,(x_2 - x_1) < \varepsilon,$$
$$\text{mod.}\,(y_2 - y_1) < \varepsilon,$$
$$\ldots\ldots\ldots\ldots\ldots$$

résultent nécessairement des inégalités

$$\text{val. num.}\,(s_2 - s_1) < \beta,$$
$$\text{val. num.}\,(t_2 - t_1) < \beta,$$
$$\ldots\ldots\ldots\ldots\ldots\ldots$$

8. Supposant connue la théorie des *variantes simples,* due à M. Méray (*Annales de l'École Normale,* novembre 1887), nous avons donné,

R.

dáns le Mémoire cité plus haut (1), la définition d'une *variante complexe* (4*). Nous nommerons en particulier *variante imaginaire* une quantité imaginaire variable

$$v_m = v'_m + i v''_m,$$

dont la valeur dépend d'un indice m, susceptible de prendre toutes les valeurs entières et positives.

Dans l'espace indéfini à $2n$ dimensions, à la considération duquel on est conduit par celle de n variables imaginaires $x, y, \ldots$ (6), une portion donnée sera dite *normale*, si les n coordónnées imaginaires de l'un quelconqué de ses points peuvent être considérées comme les limites respectives de n variantes imaginaires $x_m, y_r, \ldots$, satisfaisant à la double condition que nous allons énoncer : 1° chacune d'entre elles, considérée isolément, diffère constamment de sa limite aussitôt que la valeur de son indice surpasse quelque entier convenablement choisi ; 2° si l'on considère le point $(x_m, y_r, \ldots)$ et ceux qui s'en déduisent en y remplaçant telles ou telles des variantes $x_m, y_r, \ldots$ par leurs limites respectives, chacun d'entre eux reste constamment situé dans l'espace dont il s'agit, aussitôt que les indices $m, r, \ldots$, tous indépendants les uns des autres, surpassent respectivement certains entiers.

9. Les quelques exemples ci-après suffiront à éclaircir la définition du numéro précédent.

I. Si l'on désigne par R_x, R_y, $\ldots$ n constantes positives, et par x_0, y_0, $\ldots$ les n coordonnées imaginaires (6) d'un point fixe, l'espace défini par les relations simultanées

$$\mathrm{mod.}(x - x_0) < R_x, \qquad \mathrm{mod.}(y - y_0) < R_y, \qquad \ldots$$

est normal.

Effectivement, ξ, η, $\ldots$ désignant les coordonnées imaginaires de l'un quelconque de ses points, les relations

$$\mathrm{mod.}(x - x_0) \leqq \mathrm{mod.}(x - \xi) + \mathrm{mod.}(\xi - x_0),$$
$$\mathrm{mod.}(y - y_0) \leqq \mathrm{mod.}(y - \eta) + \mathrm{mod.}(\eta - y_0),$$
$$\ldots \ldots \ldots \ldots \ldots \ldots \ldots \ldots$$

font voir que le point $(x, y, \ldots)$ reste constamment situé dans l'espace donné, aussitôt que les modules des différences $x - \xi$, $y - \eta$, $\ldots$ tombent respectivement au-dessous des quantités positives

$$R_x - \mathrm{mod}(\xi - x_0), \quad R_y - \mathrm{mod}(\eta - y_0), \quad \ldots.$$

Dès lors, il est facile de se convaincre que les variantes

$$(5) \qquad x_m = \xi + \frac{1}{m}, \qquad y_r = \eta + \frac{1}{r}, \qquad \ldots$$

satisfont bien à toutes les conditions requises.

II. L'espace défini par les relations simultanées

$$(6) \qquad \mathrm{mod}(x - x_0) \leqq R_x, \qquad \mathrm{mod}(y - y_0) \leqq R_y, \qquad \ldots,$$

où R_x, R_y, $\ldots$, x_0, y_0, $\ldots$ ont la même signification que ci-dessus (I), est encore normal.

Effectivement, si pour un point $(\xi, \eta, \ldots)$, pris dans cet espace, les diverses relations (6) sont toutes vérifiées avec le signe d'inégalité, on prendra encore pour x_m, y_r, $\ldots$ les variantes (5). Si quelques-unes sont vérifiées avec le signe d'égalité, si l'on a, par exemple, $\mathrm{mod}(\xi - x_0) = R_x$, on remplacera la première des variantes (5) par

$$x_m = \xi - \frac{1}{m}(\xi - x_0).$$

III. Si l'on pose, comme d'habitude,

$$x = x' + ix'', \qquad y = y' + iy'', \qquad \ldots,$$

et que l'on désigne par x_0', y_0', $\ldots$, R des constantes réelles quelconques, la dernière essentiellement positive, l'espace défini par le système des relations

$$(7) \qquad \begin{cases} (x' - x_0')^2 + (y' - y_0')^2 + \ldots < R^2, \\ \quad x'' = y'' = \ldots = 0 \end{cases}$$

est normal.

Soient en effet ξ', η', $\ldots$ des valeurs particulières de x', y', $\ldots$ vérifiant la première relation (7), et a, a_0, α les trois points ayant respectivement pour coordonnées réelles

$$x', \quad \mathrm{o}, \quad y', \quad \mathrm{o}. \quad \ldots,$$
$$x'_0, \quad \mathrm{o}, \quad y'_0, \quad \mathrm{o}, \quad \ldots,$$
$$\xi', \quad \mathrm{o}, \quad \eta', \quad \mathrm{o}, \quad \ldots.$$

En rapprochant la relation $a_0 \alpha < \mathrm{R}$ de la relation $aa_0 \leqq a\alpha + a_0\alpha$, qui subsiste entre les distances mutuelles de ces trois points (¹), on voit immédiatement que le point variable a reste constamment situé dans l'espace donné aussitôt que la distance $a\alpha$ reste inférieure à $\mathrm{R} - a_0\alpha$, et par suite aussitôt que les valeurs numériques de $x' - \xi'$, $y' - \eta', \ldots$ tombent toutes au-dessous de $\dfrac{\mathrm{R} - a_0\alpha}{\sqrt{n}}$. Il en résulte que les variantes

$$x_m = \xi' + \frac{1}{m}, \qquad y_r = \eta' + \frac{1}{r}, \qquad \cdots$$

satisfont encore à toutes les conditions exigées.

IV. Quant à la portion d'espace définie par les relations simultanées

$$(x' - x'_0)^2 + (y' - y'_0)^2 + \ldots \leqq \mathrm{R}^2, \qquad x'' = y'' = \ldots = \mathrm{o},$$

où les mêmes notations ont été adoptées que dans l'exemple III, il serait facile de voir que tous ses points sans exception ne jouissent pas de la propriété constatée dans les divers exemples ci-dessus. Par exemple, si l'on suppose égal à 2 le nombre des variables imaginaires

$$x = x' + ix'', \qquad y = y' + iy'',$$

et que l'on considère les relations

$$x'^2 + y'^2 \leqq \mathrm{R}^2, \qquad x'' = y'' = \mathrm{o},$$

il faut, pour obtenir un espace normal, y faire abstraction des quatre points où x' et y' ont les valeurs suivantes :

$$x' = \mathrm{R}, \quad y' = \mathrm{o}; \quad x' = -\mathrm{R}, \quad y' = \mathrm{o}; \quad x' = \mathrm{o}, \quad y' = \mathrm{R}; \quad x' = \mathrm{o}, \quad y' = -\mathrm{R}.$$

(¹) Il est facile de prouver en effet que, *dans l'espace à un nombre quelconque de dimensions, la distance de deux points est comprise entre la somme et la différence de leurs distances à un même troisième* (*et peut parfois atteindre l'une ou l'autre de ces deux limites*).

Fonctions olotropes.

10. Les propriétés des séries entières sur lesquelles il s'agit, comme nous l'avons expliqué, de faire reposer toute la théorie des fonctions ([1]), peuvent s'établir à l'aide des généralités relatives aux séries quelconques, en y adjoignant au besoin quelques propriétés élémentaires des polynômes entiers, de ceux notamment qui ne dépendent que d'une seule variable. Elles sont suffisamment connues pour que nous puissions nous dispenser même de les formuler : il importe cependant d'insister un peu sur la condition de nullité identique, au sujet de laquelle nous proposerons l'énoncé suivant :

Soient

$$(8) \qquad f(x, y, \ldots) = \Sigma a_{p,q,\ldots} x^p y^q \ldots$$

la somme d'une série entière par rapport aux n variables imaginaires x, y, $\ldots$; u_m, v_r, $\ldots$, n variantes imaginaires ayant toutes zéro pour limite; et remplissant en outre les deux conditions suivantes : 1° chacune d'entre elles, considérée isolément, demeure constamment différente de zéro, aussitôt que la valeur de son indice surpasse quelque entier convenablement choisi; 2° la quantité $f(u_m, v_r, \ldots)$ demeure constamment égale à zéro, aussitôt que les indices m, r, $\ldots$, tous indépendants les uns des autres, surpassent respectivement certains entiers.

Cela étant, la série proposée a tous ses coefficients nuls.

I. Nous supposerons d'abord que le nombre des variables indépendantes se réduise à 1. En désignant par

$$f(x) = a_0 + a_1 x + a_2 x^2 + \ldots$$

la somme de notre série, on sait que le module de $f(x) - a_0$ reste inférieur à une quantité positive donnée, aussitôt que celui de x tombe au-dessous de quelque quantité positive convenablement

---

([1]) Nous signalerons comme les plus importantes celles qui se trouvent formulées aux pages 32, 36 et 80 du *Nouveau Précis* de M. Méray, puis la continuité (14*) et la condition de nullité identique.

choisie. La variante u_m étant infiniment petite pour m infini, la variante $f(u_m) - a_0$ l'est donc aussi, et, comme $f(u_m)$ finit par être constamment nul, il en résulte $a_0 = 0$.

Cela étant, si l'on pose

$$f_1(x) = a_1 + a_2 x + a_3 x^2 + \ldots,$$

d'où

$$f(x) = x f_1(x),$$

la variante $f_1(u_m) - a_1$ est, comme tout à l'heure, infiniment petite pour m infini; d'ailleurs, le produit $u_m f_1(u_m) = f(u_m)$ finissant par être constamment nul, et le premier facteur u_m constamment différent de zéro, le second facteur $f_1(u_m)$ finit par être constamment nul, d'où l'on déduit encore $a_1 = 0$.

Posant alors

$$f_2(x) = a_2 + a_3 x + \ldots,$$

d'où

$$f(x) = x^2 f_2(x),$$

on démontrera de même que a_2 est nul, puis a_3, et ainsi de suite indéfiniment.

II. Il suffit maintenant de faire voir que, si la proposition est exacte pour une série entière dépendant de $n - 1$ variables, elle l'est encore pour la série (8), dépendant des n variables x, y, ... A cet effet, ordonnons-la par rapport à x, et mettons-la sous la forme

$$A_0(y, \ldots) + A_1(y, \ldots)x + A_2(y, \ldots)x^2 + \ldots,$$

où

$$(9) \qquad A_0(y, \ldots), \quad A_1(y, \ldots), \quad A_2(y, \ldots), \quad \ldots$$

désignent des séries entières dépendant des $n - 1$ variables y, ...

En ne considérant les indices m, r, ... qu'à partir de valeurs suffisamment grandes, les variantes u_m, v_r, ... sont constamment différentes de zéro, et la quantité $f(u_m, v_r, \ldots)$ constamment égale à zéro. Dans ces limites, si l'on attribue aux $n - 1$ indices r, ... un système déterminé de valeurs particulières, l'expression

$$A_0(v_r, \ldots) + A_1(v_r, \ldots)u_m + A_2(v_r, \ldots)u_m^2 + \ldots$$

s'évanouit quelle que soit la valeur attribuée à m, puisque ce dernier indice est indépendant des premiers, et l'on a par conséquent (I)

$$A_0(v_r, \ldots) = A_1(v_r, \ldots) = A_2(v_r, \ldots) = \ldots = 0.$$

Mais les indices $r, \ldots$ étant à leur tour indépendants les uns des autres et les valeurs particulières que nous venons de leur attribuer étant arbitraires, il résulte de l'exactitude supposée du théorème dans le cas de $n - 1$ variables que les coefficients des diverses séries (9) sont tous nuls, et par suite ceux de la proposée (8).

11. De là résulte immédiatement la conséquence suivante :

Soient $f(x, y, \ldots)$, $\varphi(x, y, \ldots)$ les sommes de deux séries entières par rapport aux n variables imaginaires $x, y, \ldots$; $u_m, v_r, \ldots$, n variantes imaginaires ayant toutes zéro pour limite, et remplissant en outre les deux conditions suivantes : 1° chacune d'entre elles, considérée isolément, demeure constamment différente de zéro, aussitôt que la valeur de son indice surpasse quelque entier convenablement choisi; 2° la différence

$$f(u_m, v_r, \ldots) - \varphi(u_m, v_r, \ldots)$$

demeure constamment égale à zéro, aussitôt que les indices $m, r, \ldots$ tous indépendants les uns des autres, surpassent respectivement certains entiers.

Cela étant, les coefficients des termes semblables dans les deux séries sont respectivement égaux.

12. Nous pouvons maintenant énoncer la propriété générale qui doit, à notre avis, servir de base à la théorie des fonctions. Nous en indiquerons à la suite un certain nombre d'autres, presque toutes empruntées à M. Méray, et qui, si l'on suppose connue la théorie des séries entières, peuvent se déduire facilement de la propriété dont il s'agit. Ces indications seront parfois accompagnées de démonstrations, et nous aurons toujours soin, pour que la comparaison puisse être facilement établie, de renvoyer le lecteur aux passages correspondants de l'Ouvrage de M. Méray.

En désignant par $x, y, \ldots$ des variables imaginaires en nombre quelconque, nous dirons qu'une fonction $f(x, y, \ldots)$, *considérée dans un espace normal* (8), y est *olotrope* [1], si à chaque point $(x, y, \ldots)$ de l'espace en question on peut faire correspondre quelque groupe de quantités positives δ_x, δ_y, $\ldots$, et quelque série entière en h, k, $\ldots$, jouissant conjointement des propriétés suivantes : 1° cette série admet comme rayons de convergence les quantités δ_x, δ_y, $\ldots$; 2° sa somme a pour valeur $f(x + h, y + k, \ldots)$, tant que les accroissements h, k, $\ldots$ ont des modules respectivement inférieurs à δ_x, δ_y, $\ldots$, et que le point $(x + h, y + k, \ldots)$ tombe dans l'espace donné.

Les quantités δ_x, δ_y, $\ldots$ se nommeront alors les *olomètres* de la fonction au point $(x, y, \ldots)$.

Une fonction de n variables imaginaires, olotrope dans toute l'étendue de l'espace à $2n$ dimensions, sera dite *indéfiniment olotrope.*

Il ne faut jamais perdre de vue que *notre définition d'une fonction olotrope implique essentiellement la nature normale de l'espace où on la considère.* Faute de cette restriction, la théorie des fonctions olotropes pécherait par la base : le lecteur devra donc la sous-entendre constamment dans toute la suite du présent paragraphe, alors même que nous ne la spécifierions pas d'une manière expresse.

13. Voici quelques exemples très simples de fonctions olotropes [2].

I. Une fonction entière est indéfiniment olotrope, et admet en chaque point des olomètres de grandeur indéfinie.

II. La fonction

$$f(x, y, \ldots) = \frac{1}{(x - x_0)^p (y - y_0)^q \ldots},$$

où x_0 y_0, $\ldots$ désignent les coordonnées imaginaires d'un point fixe, et p, q, $\ldots$ des entiers positifs, est olotrope dans la portion d'espace (évidemment normale) constituée par l'ensemble des points où aucune des différences $x - x_0$, $y - y_0$, $\ldots$ ne s'évanouit, et elle admet comme olomètres au point $(x, y, \ldots)$ les modules de ces différences.

III. Lorsqu'une série entière en $x - x_0$, $y - y_0$, $\ldots$ admet quelque système de rayons de convergence (et par suite une infinité), sa somme

---

[1] *Nouveau Précis,* p. 42 et 43.

[2] *Ibid.,* p. 44 et 45.

a une valeur bien déterminée en chaque point où les différences $x - x_0$, $y - y_0$, ... présentent des modules respectivement inférieurs aux rayons de quelqu'un des systèmes; cette somme est donc une fonction de x, y, ... dans l'espace (évidemment normal) formé par l'ensemble des points en question.

Cela posé, on prouve facilement : 1° que la somme de notre série est une fonction olotrope de x, y, ... dans l'espace ainsi défini; 2° qu'en désignant par x, y, ... les coordonnées imaginaires d'un point quelconque de ce dernier, et par R_x, R_y, ... des rayons de convergence choisis de manière à rendre positives les différences

$$R_x - \text{mod}(x - x_0), \quad R_y - \text{mod}(y - y_0), \quad ...,$$

la fonction admet comme olomètres en $(x, y, ...)$ les différences dont il s'agit.

14 ([1]). *Si une fonction $f(x, y, ...)$ est olotrope dans un espace donné, les coefficients du développement de $f(x + h, y + k, ...)$ en une série entière par rapport à h, k, ... sont des fonctions de x, y, ... olotropes dans le même espace, et admettant en chaque point de cet espace les olomètres de la proposée.*

En premier lieu, chacun des coefficients dont parle l'énoncé a une valeur déterminée en tout point $(x, y, ...)$ de l'espace donné et peut dès lors y être considéré comme une fonction des mêmes variables indépendantes que la proposée. Désignons, en effet, par $(x, y, ...)$ un point déterminé quelconque de cet espace, par h, k, ... des accroissements variables attribués aux valeurs initiales x, y, ..., et supposons qu'à partir de ces dernières la valeur de la fonction soit exprimable par un premier développement entier en h, k, ... avec les olomètres δ_x, δ_y, ..., puis par un second développement de même nature avec les olomètres δ'_x, δ'_y, ... Si l'on nomme alors δ''_x, δ''_y, ... des quantités positives satisfaisant aux relations

$$\delta''_x \leqq \begin{cases} \delta_x, \\ \delta'_x, \end{cases} \qquad \delta''_y \leqq \begin{cases} \delta_y, \\ \delta'_y, \end{cases} \qquad ...,$$

([1]) *Nouveau Précis*, p. 46.

les deux développements dont il s'agit ont des sommes égales tant que le point

$$(10) \qquad\qquad (x + h,\ y + k,\ \ldots),$$

sans sortir de l'espace proposé, donne lieu aux inégalités

$$\operatorname{mod} h < \delta''_x, \qquad \operatorname{mod} k < \delta''_y, \qquad \ldots$$

Ils ont donc leurs coefficients semblables respectivement égaux, puisque cet espace est normal (8) (11).

En second lieu, si l'on désigne par $f_{p,q\ldots}(x, y, \ldots)$ le coefficient de $h^p k^q \ldots$ dans le développement de $f(x + h, y + k, \ldots)$, la quantité

$$(11) \qquad\qquad f_{p,q,\ldots}(x + h,\ y + k,\ \ldots)$$

est exprimable, dans les mêmes limites que cette dernière, à l'aide d'une série en h, k, $\ldots$. Effectivement, si le point (10) de l'espace considéré donne lieu aux relations

$$\operatorname{mod} h < \delta_x, \qquad \operatorname{mod} k < \delta_y, \qquad \ldots,$$

où δ_x, δ_y, $\ldots$ désignent les olomètres de la fonction proposée en $(x, y, \ldots)$, et si le point

$$(x + h + h',\ y + k + k',\ \ldots)$$

du même espace donne lieu aux relations

$$\operatorname{mod} h + \operatorname{mod} h' < \delta_x, \qquad \operatorname{mod} k + \operatorname{mod} k' < \delta_y, \qquad \ldots,$$

on peut, après avoir développé $f(x + h + h',\ y + k + k',\ \ldots)$ en une série entière par rapport aux sommes $h + h'$, $k + k'$, $\ldots$, transformer celle-ci en une série entière par rapport à toutes les quantités $h, k, \ldots,$ h', k', $\ldots$. Or, dans cette nouvelle série ordonnée par rapport à h', k', $\ldots$, le coefficient de $h'^p k'^q \ldots$ constitue le développement cherché de l'expression (11).

15. Supposons actuellement qu'au lieu d'attribuer à toutes les variables sans distinction des accroissements à partir de valeurs initiales déterminées, on en attribue seulement à quelques-unes d'entre

elles. Partageons à cet effet les variables indépendantes en deux groupes

$$x, \quad \ldots,$$
$$y, \quad \ldots,$$

et, considérant une fonction $f(x, \ldots, y, \ldots)$, olotrope dans un espace donné, désignons par $(x, \ldots, y, \ldots)$ un point déterminé de cet espace, par $h, \ldots$ des accroissements attribués à $x, \ldots$; supposons enfin que,

$$\delta_x, \quad \ldots,$$
$$\delta'_x, \quad \ldots$$

désignant des constantes positives, la quantité

$$f(x + h, \ldots, y, \ldots)$$

soit exprimable à l'aide d'une première série entière en $h, \ldots$, tant que le point

$$(12) \qquad\qquad (x + h, \ldots, y, \ldots),$$

sans sortir de l'espace considéré, donne lieu aux inégalités

$$\operatorname{mod} h < \delta_x, \quad \ldots;$$

puis, qu'elle soit de même exprimable à l'aide d'une deuxième série entière, tant que le point (12), sans sortir de l'espace en question, donne lieu aux inégalités analogues

$$\operatorname{mod} h < \delta'_x, \quad \ldots.$$

Si l'on nomme alors $\delta''_x, \ldots$ des quantités positives satisfaisant aux relations

$$\delta''_x \leqq \left\{ \begin{array}{l} \delta_x, \\ \delta'_x, \end{array} \right. \quad \ldots,$$

les deux développements dont il s'agit ont des sommes égales, tant que le point (12), sans sortir du même espace, donne lieu aux relations

$$\operatorname{mod} h < \delta''_x, \quad \ldots,$$

et il résulte encore des n°ˢ 8 et 11 que les coefficients de leurs termes semblables sont respectivement égaux.

En conséquence, *le développement unique de la quantité*

$$f(x + h, \ldots, y, \ldots)$$

peut s'obtenir en faisant $k = 0, \ldots$ dans celui de la quantité

$$f(x + h, \ldots, y + k, \ldots).$$

16. Si l'on désigne par $f(x, y, \ldots)$ une fonction olotrope dans un espace donné, le terme indépendant de h, k, ... dans le développement de $f(x + h, y + k, \ldots)$ est précisément $f(x, y, \ldots)$. Les coefficients des premières puissances de h, k, ... se nomment les *dérivées premières* de $f(x, y, \ldots)$, *prises par rapport à x, y, ... respectivement.*

En vertu du numéro précédent, le coefficient de la première puissance de h dans le développement de $f(x + h, y + k, \ldots)$ est le même que dans celui de $f(x + h, y, \ldots)$. Pour obtenir la dérivée première de $f(x, y, \ldots)$ par rapport à x, on peut donc opérer comme si x était la seule variable, en considérant les autres comme momentanément réduites à des constantes, ce qui ramène toujours le calcul d'une dérivée première au cas d'une seule variable indépendante [1].

Comme les dérivées de $f(x, y, \ldots)$ sont olotropes dans le même espace que la proposée et avec les mêmes olomètres en chaque point (14), elles ont des dérivées jouissant de cette propriété; de même, pour celles-ci, leurs propres dérivées, et ainsi de suite indéfiniment. Ces dérivées de dérivées sont les *dérivées partielles de tous ordres de $f(x, y, \ldots)$* [2].

On prouvera facilement :

1° Qu'*une dérivée d'ordre supérieur dépend uniquement des nombres exprimant combien de fois on a dérivé par rapport à chaque variable, dans quelque ordre que ces opérations partielles aient pu être exécutées* [3];

2° Que *la dérivée d'ordres partiels p, q, ... de $f(x, y, \ldots)$ est égale au produit qu'on obtient en multipliant par le facteur numérique*

---

(1) *Nouveau Précis*, p. 47.

(2) *Ibid.*, p. 49.

(3) *Ibid.*, p. 49 et 50.

$1.2\ldots p.\,'.2\ldots q\ldots$ *le coefficient de* $h^p k^q\ldots$ *dans le développement de* $f(x+h, y+k, \ldots)$ (¹).

17. *Toute fonction olotrope est continue* (14*).

Cette proposition résulte de la continuité des séries entières, combinée avec la définition du n° 12.

18. *Si dans un espace* (*normal*), *où la fonction* $f(x, y, \ldots)$ *des n variables imaginaires*

$$x = x' + i x'', \qquad y = y' + i y'', \qquad \ldots$$

est supposée olotrope, on considère une portion limitée et complète E (*normale ou non*) (2), *les olomètres de* $f(x, y, \ldots)$ *en un point variable de la portion dont il s'agit restent toujours au moins égaux à certaines quantités positives fixes.*

I. *S'il existe dans la portion* E *quelque point où l'un au moins des olomètres tombe forcément au-dessous de la constante positive* ω, *on peut, suivant une loi bien déterminée, assigner dans cette portion un point tel que l'un au moins des olomètres y soit forcément* $\leqq$ ω.

L'espace E, étant limité, se trouve entièrement contenu dans quelque intervalle complexe $\mathfrak{J}_1$ (3). Divisons en deux parties égales chacun des $2n$ intervalles simples

$$x'_0 \text{ à } X', \quad x''_0 \text{ à } X'', \quad y'_0 \text{ à } Y', \quad y''_0 \text{ à } Y'', \quad \ldots$$

de l'association desquels ce dernier résulte, ordonnons les intervalles complexes partiels fournis par cette subdivision (6*, II), et appelons $\mathfrak{J}_2$ le premier d'entre eux contenant quelque point de E où l'un au moins des olomètres de $f(x, y, \ldots)$ tombe forcément au-dessous de ω. En opérant sur l'intervalle $\mathfrak{J}_2$ comme nous l'avons fait sur $\mathfrak{J}_1$, et ainsi de suite indéfiniment, nous obtiendrons une succession illimitée d'intervalles complexes

$$(13) \qquad \mathfrak{J}_1, \ \mathfrak{J}_2, \ \ldots, \ \mathfrak{J}_q, \ \ldots,$$

jouissant de la triple propriété que nous allons énoncer :

1° Chacun d'eux fait entièrement partie du précédent;

(¹) *Nouveau Précis*, p. 51.

2° Celui de rang q est formé d'intervalles simples ayant pour grandeurs respectives les valeurs numériques de

$$\frac{X'-x'_0}{2^{q-1}}, \quad \frac{X''-x''_0}{2^{q-1}}; \quad \frac{Y'-y'_0}{2^{q-1}}, \quad \frac{Y''-y''_0}{2^{q-1}}, \quad \dots;$$

3° Chacun des intervalles (13) contient quelque point de E où l'un au moins des olomètres tombe forcément au-dessous de ω.

Cela posé, nous désignerons par $(u)_q$ la variante complexe (4^*) ayant pour coordonnées réelles les valeurs extrêmes minima des $2n$ intervalles simples dont est formé $\mathfrak{J}_q$, et nous démontrerons successivement les points suivants :

1° *La variante complexe* $(u)_q$ *tend vers une limite* (υ), *située dans l'un quelconque des intervalles* (13); car la distance des deux points $(u)_q$, $(u)_{q+r}$, inférieure à

$$(14) \qquad \frac{1}{2^{q-1}} \sqrt{(X'-x'_0)^2+(X''-x''_0)^2+(Y'-y'_0)^2+(Y''-y''_0)^2+\dots},$$

est infiniment petite pour q infini, et le point $(u)_{q+r}$ reste compris, quel que soit r, dans l'espace complet $\mathfrak{J}_q$ (4^*) (5^*).

2° *Le point* (υ) *fait nécessairement partie de l'espace* E.

Car, dans le cas contraire, l'intervalle $\mathfrak{J}_q$ contiendrait, en même temps que (υ), quelque point de l'espace dont il s'agit, et la distance de (υ) à un pareil point pourrait ainsi devenir inférieure à la quantité (14), par suite à toute quantité donnée. Or c'est là une conclusion absurde, puisque l'espace donné est complet, et que le point (υ), s'il n'y est pas compris, ne peut lui être que complètement extérieur (2).

3° *Les olomètres de* $f(x, y, \dots)$ *au point* (υ) *ne peuvent être à la fois supérieurs à* ω.

Supposons, en effet, qu'ils le soient tous, désignons par $\xi, \eta, \dots$ les coordonnées imaginaires du point (υ), par $\delta_\xi, \delta_\eta, \dots$ les olomètres dont il s'agit, et par $x, y, \dots$ les coordonnées imaginaires d'un point quelconque commun à E et à $\mathfrak{J}_q$. A partir d'une valeur de q suffisamment grande, les modules de $x-\xi$, $y-\eta$, $\dots$ tombent au-dessous de toute quantité donnée, parce qu'ils sont inférieurs à l'expression (14). Dès lors, les olomètres de la fonction en $x, y, \ldots$, au moins égaux aux différences

$$\delta_\xi - \mathrm{mod}(x - \xi), \quad \delta_\eta - \mathrm{mod}(y - \eta), \quad \ldots$$

(13, III), deviennent supérieurs à ω pour q suffisamment grand, ce qui est impossible, puisque le point $(x, y, \ldots)$ peut toujours être choisi de manière que l'un au moins des olomètres y tombe forcément au-dessous de cette quantité.

II. Adoptons pour un instant la conclusion contraire à celle de notre énoncé général, et admettons que, en désignant par ω une quantité positive de petitesse arbitraire, il existe quelque point de E où l'un au moins des olomètres tombe forcément au-dessous de ω. En désignant par m un entier positif arbitraire, et prenant $\omega = \frac{1}{m}$, il existe, d'après l'alinéa I, quelque variante complexe (4^*)

$$(v)_m = (x_m, y_m, \ldots)$$

tombant constamment dans l'espace E, et telle que, au point $(v)_m$, l'un au moins des olomètres de $f(x, y, \ldots)$ soit forcément $\leqq \frac{1}{m}$. La variante $(v)_m$ ne sortant jamais d'un espace limité, une variante

$$(w)_k = (v)_{m_k} = (x^{(k)}, y^{(k)}, \ldots),$$

convenablement extraite de (v_m), sera convergente (6^*), et l'un au moins des olomètres de $f(x, y, \ldots)$ y sera forcément inférieur ou au plus égal à la variante infiniment petite $\frac{1}{m_k}$; sa limite $(\Xi, H, \ldots)$ sera d'ailleurs située dans l'espace E (5^*). Or, si l'on nomme $\delta_\Xi, \delta_H, \ldots$ les olomètres de la fonction en $(\Xi, H, \ldots)$, celle-ci admettra en $(x^{(k)}, y^{(k)}, \ldots)$ des olomètres au moins égaux à

$$\delta_\Xi - \mathrm{mod}(\Xi - x^{(k)}), \quad \delta_H - \mathrm{mod}(H - y^{(k)}), \quad \ldots,$$

c'est-à-dire à des quantités tendant vers les limites positives $\delta_\Xi, \delta_H, \ldots$ pour k infini, et finissant, contrairement à ce qui précède, par être toutes supérieures à la variante infiniment petite $\frac{1}{m_k}$.

19. *Étant donnés une fonction olotrope dans un espace (normal)
quelconque, et un arc continu tracé dans cet espace, les olomètres de la
fonction en un point variable de l'arc dont il s'agit restent toujours au
moins égaux à certaines quantités positives fixes.*

I. *En désignant par*

$$z, \quad \ldots,$$
$$s, \quad t, \quad \ldots$$

*deux groupes de variables réelles en nombres respectivement quelconques,
si les fonctions réelles*

$$(15) \qquad\qquad Z(s, t, \ldots), \quad \ldots,$$

*en même nombre que les variables du premier groupe, sont toutes conti-
nues (7*) dans un même espace* $E_{s,t,\ldots}$, *et si le point obtenu par l'association de leurs valeurs* (15) *ne sort jamais d'un espace* $E_{z,\ldots}$ *où la fonction
réelle* $f(z, \ldots)$ *jouisse de cette propriété, la fonction*

$$f[Z(s, t, \ldots), \ldots]$$

est continue dans l'espace $E_{s,t,\ldots}$.

Soient en effet

$(s_0, t_0, \ldots)$ un point fixe de $E_{s,t,\ldots}$;

$z_0, \ldots$ les valeurs correspondantes des fonctions (15);

α un nombre positif choisi à volonté;

β un deuxième nombre positif tel que la différence

$$f(z, \ldots) - f(z_0, \ldots)$$

soit numériquement inférieure à α, toutes les fois que le point $(z, \ldots)$
de l'espace $E_{z,\ldots}$ satisfait aux relations

$$\text{val. num. } (z - z_0) < \beta, \qquad \ldots;$$

γ un dernier nombre positif tel que les différences

$$Z(s, t, \ldots) - Z(s_0, t_0, \ldots),$$
$$\ldots\ldots\ldots\ldots\ldots\ldots\ldots\ldots$$

soient toutes numériquement inférieures à β, dès que le point $(s, t, \ldots)$

de l'espace $E_{s,t,...}$ satisfait aux relations

$$(16) \qquad \text{val. num.}\,(s - s_0) < \gamma, \qquad \text{val. num.}\,(t - t_0) < \gamma, \qquad \ldots$$

Cela posé, on voit immédiatement que la différence

$$f[Z(s, t, \ldots), \ldots] - f[Z(s_0, t_0, \ldots), \ldots]$$

est numériquement inférieure à α, dès que le point $(s, t, \ldots)$ de l'espace $E_{s,t,...}$ satisfait aux inégalités (16).

II. Si l'on désigne par m un entier positif, et que l'on considère la fonction réelle et positive $\sqrt[m]{z}$ dans l'espace que définit la relation $z \geqq o$, il suffit, pour que la différence de deux valeurs de la fonction soit numériquement inférieure à α, que la différence des valeurs de z soit numériquement inférieure à α^m.

A plus forte raison cette fonction est-elle continue dans l'espace dont il s'agit.

III. *Si, dans l'espace indéfini relatif au groupe des variables z, $\ldots$, on considère un arc continu dépendant du groupe des variables réelles s, t, $\ldots$ (3), la distance du point fixe $(z_0, \ldots)$ de cet espace à un point variable $(z, \ldots)$ de cet arc est une fonction continue de s, t, $\ldots$ dans l'intervalle complexe où ces dernières quantités sont assujetties à se mouvoir.*

Il suffit d'observer que la distance en question se déduit de l'expression

$$\sqrt{(z - z_0)^2 + \ldots}$$

en y remplaçant les variables z, $\ldots$ par leurs valeurs tirées des formules qui définissent l'arc, puis de combiner avec la continuité des fonctions entières les alinéas I et II du présent numéro.

IV. Comme un intervalle complexe jouit évidemment de la propriété d'être limité et complet (2), il résulte en particulier de l'alinéa III : 1° que la distance au point $(o, \ldots)$ d'un point variable $(z, \ldots)$ de l'arc reste constamment inférieure à quelque quantité fixe (10^*); 2° que la distance du même point variable à un point fixe $(z_0, \ldots)$ non situé sur l'arc reste constamment supérieure à quelque quantité *positive* fixe (11^*).

La proposition que nous avons en vue se présente alors comme une conséquence immédiate de celle du numéro précédent.

R.   4

20 ([1]). *Soient*

$f(x, y, \ldots)$ *une fonction olotrope admettant comme olomètres les constantes positives* δ_x, δ_y, $\ldots$ *dans une portion limitée (normale ou non) de l'espace où on la considère;*

δ'_x, δ'_y, $\ldots$ *des constantes positives respectivement inférieures aux précédentes;*

$$(17) \qquad \sum f^{(m, n, \ldots)}_{x, y, \ldots}(x, y, \ldots) \frac{h^m}{1.2\ldots m} \frac{k^n}{1.2\ldots n} \ldots$$

le développement de la fonction proposée par la formule de Taylor à partir des valeurs initiales x, y, $\ldots$

Cela étant, on peut assigner une quantité positive au-dessous de laquelle tombe constamment le module du développement (17), pour tous les systèmes de valeurs de x, y, $\ldots$ *correspondant aux divers points de la portion limitée dont il s'agit, et pour toutes les valeurs de* h, k, $\ldots$ *de modules respectivement inférieurs ou égaux à* δ'_x, δ'_y, $\ldots$

21 ([2]). *Si du développement* (17) *on extrait une série partielle en* y *prenant tels termes qu'on voudra, et les divisant par tel monôme entier en* h, k, $\ldots$, $h^p k^q \ldots$, *qu'ils pourraient avoir comme facteur commun, la somme des modules reste, dans les limites ci-dessus spécifiées* (20), *constamment inférieure à quelque quantité positive fixe.*

22 ([3]). *Soient* $f(x, y, \ldots)$ *une fonction olotrope admettant les olomètres* δ_x, δ_y, $\ldots$ *dans une portion déterminée de l'espace où on la considère, et* δ'_x, δ'_y, $\ldots$ *des quantités positives respectivement inférieures à ceux-ci : si pour tous les systèmes de valeurs de* x, y, $\ldots$ *correspondant aux divers points de la portion dont il s'agit, et pour toutes les valeurs de* h, k, $\ldots$ *de modules inférieurs ou égaux à* δ'_x, δ'_y, $\ldots$, *le développement par la formule de Taylor de* $f(x + h, y + k, \ldots)$ *conserve un module constamment inférieur à la quantité positive* M, *la dérivée d'ordres par-*

([1]) *Nouveau Précis*, p. 57 et 58.
([2]) *Ibid.*, p. 65.
([3]) *Ibid.*, p. 86.

tiels p, q, ... de $f(x, y, ...)$ conserve, dans toute l'étendue de la portion considérée, un module constamment inférieur à

$$\mathrm{M}\,\frac{1 \cdot 2 \ldots p}{\delta_x'^{p}}\,\frac{1 \cdot 2 \ldots q}{\delta_y'^{q}} \ldots$$

23 (¹). *Lorsque deux fonctions, olotropes dans un même espace, y sont identiquement égales, leurs dérivées semblables le sont aussi.*

Inversement, deux fonctions, olotropes dans un même espace continu (4), *y sont identiquement égales, si, en quelque point de cet espace, les valeurs de l'une d'entre elles et de ses diverses dérivées sont respectivement égales à celles de l'autre et de ses dérivées semblables.*

24. *Soient $f(x, y, ...)$ une fonction olotrope dans un espace continu, et*

$$\begin{aligned}
&x_1, \quad x_2, \quad ..., \quad x_m, \quad ...,\\
&y_1, \quad y_2, \quad ..., \quad y_r, \quad ...,\\
&..., \quad ..., \quad ..., \quad ..., \quad ...
\end{aligned}$$

des suites illimitées dans chacune desquelles les termes sont tous inégaux. Si, à partir de valeurs suffisamment grandes de m, r, ..., le point $(x_m, y_r, ...)$ est constamment situé dans quelque portion limitée et complète (2) *de l'espace dont il s'agit, et qu'en même temps la quantité $f(x_m, y_r, ...)$ soit constamment égale à zéro, la fonction $f(x, y, ...)$ est identiquement nulle dans l'espace donné.*

25. Soient

$$\begin{aligned}
&x, \quad y, \quad ...,\\
&x', \quad y', \quad ...
\end{aligned}$$

n variables imaginaires partagées en deux groupes; E, E' certaines portions des deux espaces indéfinis qui correspondent respectivement à ces deux groupes de variables, et

$$(18) \qquad\qquad (\mathrm{E}, \mathrm{E}')$$

la portion de l'espace indéfini à $2n$ dimensions qui résulte de la considération simultanée des précédentes. Il est extrêmement facile de se

---

(¹) *Nouveau Précis*, p. 61, 62 et 63.

convaincre : $1°$ que si chacun des espaces E, E′ est normal, l'un par rapport au groupe $x, y, \ldots$, l'autre par rapport au groupe $x', y', \ldots$, l'espace (E, E′) jouit de cette propriété par rapport à l'ensemble de toutes les variables; $2°$ que si chacun des espaces E, E′ est continu, l'espace (E, E′) ne peut manquer de l'être aussi.

Cela posé :

Si l'espace (18) *est composé avec deux espaces normaux, et si la fonction* $f(x, y, \ldots, x', y', \ldots)$, *olotrope dans l'espace en question, y est indépendante des valeurs attribuées aux variables* $x, y, \ldots$, *toute dérivée intéressant quelqu'une de ces dernières* (*avec ou sans les variables* x', $y', \ldots$) *s'y annule identiquement.*

Inversement, *en supposant l'espace* (18) *composé avec deux espaces normaux et continus, la fonction* $f(x, y, \ldots, x', y', \ldots)$, *olotrope dans l'espace en question, y est indépendante des valeurs attribuées aux variables* $x, y, \ldots$, *lorsque ses dérivées du premier ordre relatives à ces variables s'y annulent toutes identiquement* (¹).

26. Nous avons vu à l'alinéa III du n° 13 qu'une série entière en $x - x_0,\ y - y_0,\ \ldots$ (admettant quelque système de rayons de convergence) définit une fonction olotrope de $x, y, \ldots$ dans l'espace formé par l'ensemble des points intérieurs à divers systèmes de circonférences respectivement décrites de $x_0, y_0, \ldots$ comme centres.

Réciproquement (²), *toute fonction olotrope dans un pareil espace y est exprimable à l'aide d'un seul et même développement entier en* $x - x_0$, $y - y_0, \ldots$, *qui coïncide, naturellement, avec celui de Taylor, effectué à partir des valeurs initiales* $x_0, y_0 \ldots$.

En particulier, *si une fonction* $f(x, y, \ldots)$ *est indéfiniment olotrope* (12), *le développement de* $f(x_0 + h, y_0 + k, \ldots)$ *est applicable quels que soient et les valeurs initiales* $x_0, y_0, \ldots$ *et les accroissements* $h, k, \ldots$.

27 (³). On appelle *composition* des fonctions l'opération qui con-

---

(¹) En supposant que le nombre de variables imaginaires du groupe $x', y', \ldots$ se réduise à zéro, on retombe sur une proposition énoncée à la page 63 du *Nouveau Précis*.

(²) *Nouveau Précis*, p. 87 à 91.

(³) *Ibid.*, p. 98 et suiv.

siste à *substituer* aux variables $u, v, \ldots$ d'une fonction donnée $f(u, v, \ldots)$ autant de fonctions données

$$(19) \qquad\qquad U(x, y, \ldots), \quad V(x, y, \ldots), \quad \ldots$$

d'autres variables $x, y, \ldots$, ce qui engendre évidemment une nouvelle fonction de ces dernières,

$$F(x, y, \ldots) = f[U(x, y, \ldots), V(x, y, \ldots), \ldots].$$

Relativement à cette opération, les fonctions (19) sont dites *simples*, $f(u, v, \ldots)$ se nomme la fonction *composante*, et $F(x, y, \ldots)$ la fonction *composée*.

Cela posé, *si les fonctions simples* (19) *sont toutes olotropes dans un espace* $E_{x,y,\ldots}$; *si la composante* $f(u, v, \ldots)$ *jouit de la même propriété dans un espace* $E_{u,v,\ldots}$; *si enfin les valeurs des fonctions simples en chaque point du premier sont les coordonnées imaginaires de quelque point du second, la fonction composée* $F(x, y, \ldots)$ *est certainement olotrope dans le premier espace.*

En outre, le développement de la fonction composée à partir du point initial $(x_0, y_0, \ldots)$, arbitrairement choisi dans $E_{x,y,\ldots}$, peut s'obtenir en combinant le développement de la composante, effectué à partir des valeurs correspondantes $u_0, v_0, \ldots$ des fonctions simples, avec ceux de

$$U(x, y, \ldots) - u_0, \quad V(x, y, \ldots) - v_0, \quad \ldots,$$

effectués à partir de $x_0, y_0, \ldots$: il suffit de remplacer respectivement par les derniers développements les différences

$$u - u_0, \quad v - v_0, \quad \ldots$$

qui figurent dans chaque terme du premier, d'appliquer à chaque résultat la règle de multiplication des séries, de former, sans omission ni répétition, une série procédant suivant les termes élémentaires des séries partielles ainsi obtenues et d'opérer finalement la réduction des termes semblables en $x - x_0, y - y_0, \ldots$.

28 ([1]). *Désignons par*

$$(20) \qquad f_1(x, y, \ldots), \quad f_2(x, y, \ldots), \quad \ldots, \quad f_g(x, y, \ldots), \quad \ldots$$

---

[1] *Nouveau Précis*, p. 109 et 110.

des fonctions toutes olotropes dans un même espace, et supposons que, pour chaque point particulier $(x_0, y_0, \ldots)$ de l'espace en question, on puisse assigner : 1° un système d'olomètres δ_x, δ_y, $\ldots$ commun en ce point à toutes les fonctions de la suite (20), mais variable d'un point à l'autre ; 2° un groupe de quantités positives

$$\delta'_x < \delta_x, \qquad \delta'_y < \delta_y, \qquad \ldots,$$

et une série convergente à termes positifs

$$M_1 + M_2 + \ldots + M_g + \ldots,$$

variables encore d'un point à l'autre, et tels que les développements par la formule de Taylor des quantités

$$f_1(x_0 + h, y_0 + k, \ldots),$$
$$f_2(x_0 + h, y_0 + k, \ldots),$$
$$\ldots\ldots\ldots\ldots\ldots\ldots\ldots,$$
$$f_g(x_0 + h, y_0 + k, \ldots),$$
$$\ldots\ldots\ldots\ldots\ldots\ldots\ldots$$

conservent des modules respectivement inférieurs à M_1, M_2, $\ldots$, M_g, $\ldots$ pour toutes valeurs de h, k, $\ldots$ de modules respectivement inférieurs ou égaux à δ'_x, δ'_y, $\ldots$.

Cela étant, la somme de la série

$$f_1(x, y, \ldots) + f_2(x, y, \ldots) + \ldots + f_g(x, y, \ldots) + \ldots,$$

absolument convergente dans toute l'étendue de l'espace donné, y est en outre une fonction olotrope de x, y, $\ldots$, et les olomètres de cette dernière en $(x_0, y_0, \ldots)$ sont au moins égaux à δ'_x, δ'_y, $\ldots$.

Cette somme $f(x, y, \ldots)$ se différentie d'ailleurs terme à terme, comme s'il s'agissait d'une série entière ou d'un simple polynôme.

Enfin, pour obtenir le développement, à partir des valeurs particulières x_0, y_0, $\ldots$, soit de la fonction $f(x, y, \ldots)$, soit de quelqu'une de ses dérivées, il suffit de considérer la série ayant pour termes les développements correspondants soit des fonctions (20), soit de leurs dérivées semblables, de la transformer en une autre (absolument convergente) procédant suivant les termes élémentaires des séries partielles, et d'opérer dans la série résultante la réduction des termes semblables en $x - x_0$, $y - y_0$, $\ldots$.

Expressions calculables par cheminement.

29. Outre les fonctions proprement dites, précédemment considérées [1], on rencontre sans cesse, dans l'Analyse moderne, certaines
expressions, dites *calculables par cheminement*, dont l'importance est
capitale. Nous proposerons à cet égard une théorie qui nous semble
être à la fois rigoureuse et conforme à la nature du rôle analytique
de ces expressions. En comparant notre manière de voir à celle de
M. Méray [2], le lecteur pourra constater aisément et l'identité du
point de départ, et les différences notables qui séparent ensuite les
deux théories.

30. Une série entière en $x - x_0, y - y_0, \ldots$, admettant quelque
système de rayons de convergence, définit, comme nous l'avons dit au
n° 13, une fonction olotrope de $x, y, \ldots$, dans toute l'étendue de
l'espace où la convergence subsiste. Donnons à ce développement la
forme de Taylor; puis, désignant par $x_1, y_1, \ldots$ des valeurs particulières comprises entre les limites de convergence, introduisons, dans
ce développement et dans toutes ses dérivées, l'hypothèse numérique
$x = x_1, y = y_1, \ldots$. Le calcul des sommes de ces divers développements, une fois effectué, nous permettra évidemment de construire
celui de notre fonction à partir des nouvelles valeurs initiales x_1,
$y_1, \ldots$: ce deuxième développement de Taylor, entier en $x - x_1$,
$y - y_1, \ldots$, admettra certainement quelque système de rayons de convergence, et nous dirons, pour abréger, qu'il *se raccorde* avec le précédent.

Cela posé, considérons un *chemin brisé* ayant pour *sommets* success-
sifs les points

$$(21) \quad \begin{cases} (a)_0 = (x_0, y_0, \ldots), \\ (a)_1 = (x_1, y_1, \ldots), \\ (a)_2 = (x_2, y_2, \ldots), \\ \ldots\ldots\ldots\ldots\ldots\ldots, \\ (a)_g = (x_g, y_g, \ldots), \\ (A) = (X, Y, \ldots). \end{cases}$$

---

[1] *Voir* les numéros de février et mars 1891.
[2] *Nouveau Précis*, p. 91 à 98.

Si, à partir de ces sommets successifs, on peut construire autant de développements dont chacun se raccorde avec le précédent, et dont le premier ne soit autre que le développement donné, le chemin brisé (21) sera dit *praticable* relativement à celui-ci. Ainsi, il faudra d'abord que le développement donné admette des rayons de convergence respectivement supérieurs aux modules des différences $x_1 - x_0, y_1 - y_0, \ldots,$ ce qui permettra de construire, à partir des valeurs initiales $x_1, y_1, \ldots,$ un deuxième développement se raccordant avec le premier; il faudra ensuite que ce nouveau développement admette des rayons de convergence supérieurs aux modules des différences $x_2 - x_1, y_2 - y_1, \ldots,$ ce qui permettra de construire, à partir des valeurs initiales $x_2, y_2, \ldots,$ un troisième développement se raccordant avec le second; et ainsi de suite jusqu'au développement construit à partir de $x_g, y_g, \ldots,$ qui doit admettre des rayons de convergence supérieurs aux modules des différences $X - x_g, Y - y_g, \ldots,$ afin qu'un dernier développement puisse être finalement construit à partir de X, Y, ...

Nous nommerons, avec M. Méray, série ou développement *fondamental* la série entière en $x - x_0, y - y_0, \ldots,$ choisie comme base des calculs précédents, et nous affecterons de la même qualification les premières valeurs $x_0, y_0, \ldots$ des variables indépendantes, ainsi que le point $(a)_0$ dont elles sont les coordonnées imaginaires.

Nous aurons plus d'une fois à exprimer que deux chemins brisés de même extrémité, praticables par rapport à un développement fondamental donné, conduisent au même développement final : en désignant par

$$(a)_0 (a)_1 (a)_2 \ldots (a)_g (A),$$
$$(a)_0 (a')_1 (a')_2 \ldots (a')_{g'} (A)$$

les deux chemins brisés dont il s'agit, nous exprimerons cette équivalence à l'aide de la notation

$$\Psi\left[(a)_0 (a)_1 (a)_2 \ldots (a)_g (A)\right] = \Psi\left[(a)_0 (a)_1 (a) \ldots (a')_{g'} (A)\right].$$

31. *Si, par rapport à un développement fondamental donné, deux chemins brisés de même extrémité,*

$$(22) \qquad\qquad (a)_0 (a)_1 (a)_2 \ldots (a)_g (A),$$
$$(23) \qquad\qquad (a)_0 (a')_1 (a')_2 \ldots (a')_{g'} (A),$$

sont praticables et équivalents ; si de plus, le chemin brisé

$$(a)_0 (a)_1 (a)_2 \ldots (a)_g (\mathrm{A}) (\alpha)_1 \ldots (\alpha)_k,$$

obtenu par un certain allongement de (22), *est praticable : le chemin brisé*

$$(a)_0 (a')_1 (a')_2 \ldots (a')_{g'} (\mathrm{A}) (\alpha)_1 \ldots (\alpha)_k,$$

obtenu par le même allongement de (23), *est praticable comme le précédent, et conduit au même développement final.*

32. Étant donné un développement fondamental, entier par rapport aux n différences $x - x_0$ $y - y_0$, $\ldots$, nous dirons qu'un arc continu, tracé dans l'espace à $2n$ dimensions (3) (6), part du point fondamental (30), lorsqu'aux valeurs initiales s_0, t_0, $\ldots$ des indéterminées réelles s, t, $\ldots$, dont il dépend, correspondront, pour x, y, $\ldots$, les coordonnées imaginaires x_0, y_0, $\ldots$ du point dont il s'agit.

Si, à partir de $(s_0, t_0, \ldots)$, on inscrit dans l'arc donné un chemin quelconque

$$(24) \qquad\qquad (s_0, t_0, \ldots), \quad (s_1, t_1, \ldots), \quad \ldots$$

(5), la suite formée avec les systèmes de valeurs de x, y, $\ldots$, qui correspondent à ses divers sommets, constitue, dans l'espace à $2n$ dimensions, un chemin brisé (30)

$$(25) \qquad\qquad (x_0, y_0, \ldots), \quad (x_1, y_1, \ldots), \quad \ldots,$$

ayant son origine au point fondamental. Nous dirons de même, en pareil cas, que le chemin inscrit (24) a son origine au point fondamental, et qu'il est *praticable* ou non par rapport au développement donné, suivant que le chemin (25) jouit ou non de cette propriété (30).

Cela posé, *si l'on peut assigner une constante positive ρ jouissant de la propriété que les divers chemins de régulateur ρ (5), inscrits dans l'arc en question à partir du point fondamental, soient tous praticables, les coefficients du développement final auquel on est conduit à l'extrémité d'un semblable chemin dépendent uniquement des valeurs de s, t, $\ldots$ qui en fournissent le dernier sommet.*

R.

Nous démontrerons comme il suit cette proposition capitale :

I. *Considérons un développement fondamental admettant les rayons de convergence R_x, R_y, ..., et un chemin brisé* (30)

$$
\begin{aligned}
(a)_0 &= (x_0, y_0, \ldots), \\
(a)_1 &= (x_0 + h_1, y_0 + k_1, \ldots) = (x_1, y_1, \ldots), \\
(a)_2 &= (x_1 + h_2, y_1 + k_2, \ldots) = (x_2, y_2, \ldots), \\
&\,\cdots\cdots\cdots\cdots\cdots\cdots\cdots\cdots\cdots\cdots\cdots\cdots, \\
(a)_p &= (x_{p-1} + h_p, y_{p-1} + k_p, \ldots) = (x_p, y_p, \ldots),
\end{aligned}
$$

ayant son origine au point fondamental $(x_0, y_0, \ldots)$: *si les accroissements successivement attribués aux variables vérifient les relations*

$$
(26) \quad
\left\{
\begin{aligned}
&\operatorname{mod} h_1 + \operatorname{mod} h_2 + \ldots + \operatorname{mod} h_p < R_x, \\
&\operatorname{mod} k_1 + \operatorname{mod} k_2 + \ldots + \operatorname{mod} k_p < R_y, \\
&\,\cdots\cdots\cdots\cdots\cdots\cdots\cdots\cdots\cdots\cdots\cdots,
\end{aligned}
\right.
$$

les deux chemins

$$
(a)_0 \, (a)_1 \, (a)_2 \ldots (a)_p,
$$
$$
(a)_0 \, (a)_p
$$

sont praticables et conduisent au même développement final.

On sait (13, III) que la somme du développement fondamental définit une fonction $f(x, y, \ldots)$, olotrope à l'intérieur des cercles de rayons R_x, R_y, ... décrits des points $x_0, y_0, \ldots$ comme centres. Cela étant, si l'on désigne par q un entier quelconque de la suite $1, 2, \ldots, p$, les relations (26) donnent immédiatement

$$
\begin{aligned}
&\operatorname{mod}(x_q - x_0) = \operatorname{mod}(h_1 + h_2 + \ldots + h_q) < R_x, \\
&\operatorname{mod}(y_q - y_0) = \operatorname{mod}(k_1 + k_2 + \ldots + k_q) < R_y, \\
&\,\cdots\cdots\cdots\cdots\cdots\cdots\cdots\cdots\cdots\cdots\cdots\cdots\cdots ;
\end{aligned}
$$

dès lors, les points $(a)_0$, $(a)_1$, $(a)_2$, ..., $(a)_p$ sont tous situés dans un espace où la fonction $f(x, y, \ldots)$ est olotrope, et la quantité

$$
f(x_{q-1} + h, y_{q-1} + k, \ldots)
$$

est développable en une série entière par rapport à $h, k, \ldots$, tant que les modules de ces accroissements sont respectivement inférieurs aux différences

$$R_x - \text{mod}\,(x_{q-1} - x_0) = R_x - \text{mod}\,(h_1 + \ldots + h_{q-1}),$$
$$R_y - \text{mod}\,(y_{q-1} - y_0) = R_y - \text{mod}\,(k_1 + \ldots + k_{q-1}),$$
$$\cdots\cdots\cdots\cdots\cdots\cdots\cdots\cdots\cdots\cdots\cdots\cdots\cdots$$

(13, III). Comme on a précisément, en vertu de (26),

$$\text{mod}\,(h_1 + h_2 + \ldots + h_{q-1}) + \text{mod}\,h_q < R_x,$$
$$\text{mod}\,(k_1 - k_2 + \ldots + k_{q-1}) + \text{mod}\,k_q < R_y,$$
$$\cdots\cdots\cdots\cdots\cdots\cdots\cdots\cdots\cdots\cdots\cdots\cdots\cdots,$$

les valeurs

$$x_q = x_{q-1} + h_q, \qquad y_q = y_{q-1} + k_q, \qquad \ldots$$

se trouvent certainement dans les limites où $f(x, y, \ldots)$ est développable par la formule de Taylor à partir des valeurs $x_{q-1}, y_{q-1}, \ldots$.

Cela posé, si l'on considère le développement de $f(x, y, \ldots)$ à partir des valeurs initiales $x_0, y_0, \ldots$, l'hypothèse numérique $x = x_1$, $y = y_1, \ldots$, introduite dans ce développement et dans toutes ses dérivées, fournira, à des facteurs numériques près, les coefficients du développement de $f(x, y, \ldots)$ à partir de $x_1, y_1, \ldots$ et permettra de construire le développement dont il s'agit. Ce deuxième développement une fois connu, on en déduira, par le même mécanisme, le développement de $f(x, y, \ldots)$ à partir du troisième sommet $(x_2, y_2, \ldots)$, et ainsi de suite jusqu'au sommet final $(x_p, y_p, \ldots)$. Le chemin

$$(a)_0 \, (a)_1 \, (a)_2 \ldots (a)_p$$

est donc praticable et équivalent au chemin direct $(a)_0 \, (a)_p$.

II. *Tout chemin brisé* (30) *praticable par rapport à un développement donné, et ayant tous ses sommets dans les limites de convergence du développement dont il s'agit, équivaut au chemin direct formé avec les deux sommets extrêmes.*

1° Le point ci-dessus énoncé est exact, lorsque le nombre des sommets est égal à 3.

En désignant par $f(x, y, \ldots)$ la somme de notre développement fondamental, entier en $x - x_0, y - y_0, \ldots$, et par

$$
\begin{aligned}
(a)_0 &= (x_0, y_0, \ldots), \\
(a)_1 &= (x_1, y_1, \ldots), \\
(A) &= (X, Y, \ldots),
\end{aligned}
$$

les trois sommets de notre chemin brisé, on observera tout d'abord que le développement auquel on est conduit en $(a)_1$ coïncide avec celui de $f(x, y, \ldots)$ effectué à partir des valeurs $x_1, y_1, \ldots$.

Si l'on considère maintenant les différences

$$
\operatorname{mod} x_1 - \operatorname{mod} X, \quad \operatorname{mod} y_1 - \operatorname{mod} Y, \quad \ldots,
$$

un certain nombre d'entre elles,

$$
\operatorname{mod} x_1 - \operatorname{mod} X, \quad \ldots,
$$

sont $\geqq 0$, tandis que les autres,

$$
\operatorname{mod} y_1 - \operatorname{mod} Y, \quad \ldots,
$$

sont $\leqq 0$. Cela étant, les deux arcs continus

$$
(27) \qquad \left\{
\begin{aligned}
& x = x_1 + (X - x_1)s, \\
& \ldots\ldots\ldots\ldots\ldots, \\
& y = y_1, \\
& \ldots\ldots;
\end{aligned}
\right.
$$

$$
(28) \qquad \left\{
\begin{aligned}
& x = X, \\
& \ldots\ldots, \\
& y = y_1 + (Y - y_1)t, \\
& \ldots\ldots\ldots\ldots\ldots,
\end{aligned}
\right.
$$

dépendant chacun d'une indéterminée assujettie à varier de 0 à 1, sont entièrement situés dans les limites de convergence de la série proposée. Effectivement, le premier de ces arcs commençant en $(x_1, y_1, \ldots)$, le second se terminant en $(X, Y, \ldots)$, et les points $(x_1, y_1, \ldots)$, $(X, Y, \ldots)$ se trouvant compris l'un et l'autre dans les limites en question, il suffit de faire voir que les différences

$$
\operatorname{mod} x_1 - \operatorname{mod} x, \quad \ldots
$$

sont ≥ 0 sur toute l'étendue du premier arc, et que les différences

$$\operatorname{mod} Y - \operatorname{mod} y, \quad \ldots$$

jouissent de la même propriété sur toute l'étendue du second. Or, si l'on tient compte des inégalités

$$\operatorname{mod} x_1 \geq \operatorname{mod} X, \quad \ldots,$$
$$\operatorname{mod} y_1 \leq \operatorname{mod} Y, \quad \ldots,$$

les relations évidentes

$$\operatorname{mod} x_1 - (1-s)\operatorname{mod} x_1 - s\operatorname{mod} x_1 = 0, \quad \ldots,.$$
$$\operatorname{mod} Y - (1-t)\operatorname{mod} Y - t\operatorname{mod} Y = 0, \quad \ldots$$

donnent successivement, les premières

$$\operatorname{mod} x_1 - (1-s)\operatorname{mod} x_1 - s\operatorname{mod} X \geq 0, \quad \ldots,$$
$$\operatorname{mod} x_1 - \operatorname{mod}[(1-s)x_1 + sX] \geq 0, \quad \ldots,$$
$$\operatorname{mod} x_1 - \operatorname{mod}[x_1 + (X - x_1)s] \geq 0, \quad \ldots,$$

les dernières

$$\operatorname{mod} Y - (1-t)\operatorname{mod} y_1 - t\operatorname{mod} Y \geq 0, \quad \ldots,$$
$$\operatorname{mod} Y - \operatorname{mod}[(1-t)y_1 + tY] \geq 0, \quad \ldots,$$
$$\operatorname{mod} Y - \operatorname{mod}[y_1 + (Y - y_1)t] \geq 0, \quad \ldots.$$

Cela posé, il résulte du n° 19 que la fonction $f(x, y, \ldots)$ admet sur toute l'étendue de ces deux arcs des olomètres au moins égaux à certaines constantes positives δ_x, δ_y, ... Formons alors, avec 0 et 1 comme termes extrêmes, deux suites croissantes

$$0, \quad s', \quad s'', \quad \ldots, \quad s^{(h)}, \quad 1,$$
$$0, \quad t', \quad t'', \quad \ldots, \quad t^{(k)}, \quad 1$$

telles que, pour chacun des deux chemins inscrits qui leur correspondent respectivement sur les arcs (27) et (28), les différences formées avec les coordonnées imaginaires semblables de deux sommets consécutifs quelconques présentent des modules respectivement inférieurs à δ_x, δ_y, ... (7). Puis, considérant les deux chemins brisés qui, dans l'espace à $2n$ dimensions, correspondent respectivement à ces

38 RIQUIER.

deux chemins inscrits ([1]), observons que le sommet final du premier
coïncide avec le sommet initial du second, que le chemin brisé résultant
de leur juxtaposition bout à bout a son sommet initial en $(x_1, y_1, \ldots)$,
son sommet final en $(X, Y, \ldots)$, et que, si l'on prend pour développement fondamental celui de $f(x, y, \ldots)$ effectué à partir des valeurs
$x_1, y_1, \ldots$, le parcours total de ce dernier chemin fait retomber de
toute nécessité sur le développement de $f(x, y, \ldots)$, effectué à partir
des valeurs $X, Y, \ldots$. Assurons-nous enfin, chose extrêmement aisée,
que, sur le chemin brisé dont il s'agit, la somme des modules des
accroissements successivement attribués à chaque variable est égale à
l'une ou à l'autre des quantités

$$\mathrm{mod}(X - x_1), \quad \mathrm{mod}(Y - y_1), \quad \ldots,$$

suivant qu'il s'agit de l'une ou de l'autre des variables x, y, $\ldots$.
Comme, en vertu de notre hypothèse, le point $(X, Y, \ldots)$ est situé
dans les limites de convergence du développement qui correspond au
sommet initial $(x_1, y_1, \ldots)$, on pourra passer directement de celui-ci
au sommet final $(X, Y, \ldots)$ (I).

En conséquence, le développement auquel conduit, en

$$(A) = (X, Y, \ldots),$$

le chemin donné $(a)_0 (a)_1 (A)$ coïncide avec le développement de
$f(x, y, \ldots)$, effectué à partir des valeurs $X, Y, \ldots$. Il équivaut donc
au chemin direct $(a)_0 (A)$.

2° Le point énoncé au début du présent alinéa est exact, quel que
soit le nombre des sommets de notre chemin brisé.

Si l'on désigne, en effet, par $(a)_0$, $(a)_1$, $(a)_2$, $\ldots$, $(a)_g$, (A) les
sommets successifs du chemin dont il s'agit, on a, en vertu de 1°,

$$\Psi[(a)_0 (a)_1 (a)_2] = \Psi[(a)_0 (a)_2]$$

(30). d'où l'on déduit (31).

$$\Psi[(a)_0 (a)_1 (a)_2 (a)_3] = \Psi[(a)_0 (a)_2 (a)_3].$$

([1]) Voir le début du présent numéro.

Une nouvelle application de $1°$ donne alors

$$\Psi[(a)_0(a)_2(a)_3] = \Psi[(a)_0(a)_3],$$

d'où, par comparaison avec la relation qui précède,

$$\Psi[(a)_0(a)_1(a)_2(a)_3] = \Psi[(a)_0(a)_3].$$

En continuant ce raisonnement de proche en proche, on tombera finalement sur la relation

$$\Psi[(a)_0(a)_1(a)_2\ldots(a)_{g}(A)] = \Psi[(a)_0(A)].$$

III. *La proposition formulée par notre énoncé général est exacte, si l'arc dépend d'une seule variable s.*

$1°$ En désignant par s_0 et S les valeurs initiale et finale de la variable dont il s'agit, tout chemin inscrit

$$s_0 s_1 s_2 \ldots,$$

partant du point fondamental, se compose d'une suite limitée de fragments alternativement *directs* et *inverses*, c'est-à-dire tels, que les différences formées en retranchant chaque valeur de s de la suivante aient toutes le signe de $S - s_0$, s'il s'agit d'un fragment de rang impair, et le signe contraire, s'il s'agit d'un fragment de rang pair.

$2°$ Deux chemins inscrits de régulateur ρ, composés l'un et l'autre d'un simple fragment direct, et dont l'extrémité finale correspond, pour tous deux, à une même valeur de s, conduisent au même développement final.

Soient

$$(29) \qquad s_0 s'_1 s'_2 \ldots s'_{g'} \, S^{(1)},$$

$$(30) \qquad s_0 s''_1 s''_2 \ldots s''_{g''} \, S^{(1)}$$

les deux chemins dont il s'agit. Si, entre les valeurs extrêmes s_0, $S^{(1)}$, des deux suites précédentes, on range par ordre de grandeur les valeurs s'_1, s'_2, ..., $s'_{g'}$, s''_1, s''_2, ..., $s''_{g''}$, on obtient un troisième chemin inscrit

$$(31) \qquad s_0 \sigma_1 \sigma_2 \ldots \sigma_{g'+g''} \, S^{(1)}$$

équivalent, comme nous allons le voir, à chacun des proposés.

Parcourons, en effet, la suite (31), jusqu'à ce que nous y trouvions le terme s'_1, et soit, pour fixer les idées,

$$(32) \qquad s_0\,\sigma_1\,\sigma_2\,\sigma_3\,\sigma_4$$

(où $\sigma_4 = s'_1$) la portion de suite ainsi obtenue. Deux termes quelconques de cette suite partielle présentant une différence numériquement inférieure à ρ, il résulte de notre hypothèse que le chemin (32) est praticable et a tous ses sommets situés dans les limites de convergence du développement initial. Dès lors, en vertu de l'alinéa II, la portion $s_0 s'_1$ du chemin (29) équivaut à la portion du chemin (31), qui commence et finit aux mêmes valeurs de s, et l'on verra de proche en proche qu'il en est de même des portions successives

$$s'_1 s'_2, \quad s'_2 s'_3, \quad \ldots, \quad s'_g\, S^{(1)}.$$

Le chemin (31) est donc équivalent à (29) et, en vertu d'un raisonnement semblable, à (30); ces derniers sont donc équivalents entre eux, ce qu'il s'agissait de prouver.

3° Un chemin inscrit de régulateur ρ, composé de k fragments alternativement directs et inverses, équivaut à tout chemin direct de même régulateur dont l'extrémité finale correspond à la même valeur de s.

Supposons d'abord $k = 2$, et soit

$$(33) \qquad s_0 \,\ldots\, S^{(1)} \,\ldots\, S^{(2)}$$

le chemin inscrit dont il s'agit. La valeur $S^{(2)}$ étant comprise dans l'intervalle de s_0 à $S^{(1)}$, on peut $(2°)$, sans altérer les coefficients du développement final, intercaler à la place voulue la valeur $S^{(2)}$ dans la portion directe du chemin (33), et considérer celui-ci comme composé des trois fragments

$$s_0 \,\ldots\, S^{(2)} \,\ldots\, S^{(1)} \,\ldots\, S^{(2)},$$

les deux premiers directs, le troisième inverse. A ce dernier, on peut en outre substituer un fragment formé avec les mêmes valeurs de s que le second, mais dans l'ordre inverse; car les deux fragments que l'on remplace ainsi l'un par l'autre constituent deux chemins directs, et par suite équivalents $(2°)$, relativement à l'arc partiel qui commence à $S^{(1)}$ et finit à $S^{(2)}$. Désignant alors par

$$S^{(2)}, \quad s_1, \quad s_2, \quad \ldots, \quad s_g, \quad S^{(1)}$$

les valeurs successives de s qui constituent le deuxième fragment, il est aisé de se convaincre que les deux chemins inscrits

$$s_0 \ldots S^{(2)} s_1 s_2 \ldots s_{g-1} s_g S^{(1)} s_g s_{g-1} \ldots s_2 s_1 S^{(2)},$$
$$s_0 \ldots S^{(2)}$$

sont équivalents : car l'application alternative de l'alinéa précédent (11) et du n° 31 nous donne

$$\Psi[s_0 \ldots S^{(2)} s_1 s_2 \ldots s_{g-1} s_g S^{(1)} s_g] = \Psi[s_0 \ldots S^{(2)} s_1 s_2 \ldots s_{g-1} s_g],$$
$$\Psi[s_0 \ldots S^{(2)} s_1 s_2 \ldots s_{g-1} s_g S^{(1)} s_g s_{g-1}] = \Psi[s_0 \ldots S^{(2)} s_1 s_2 \ldots s_{g-1} s_g s_{g-1}]$$
$$= \Psi[s_0 \ldots S^{(2)} s_1 s_2 \ldots s_{g-1}],$$
$$\ldots\ldots\ldots\ldots\ldots\ldots\ldots\ldots\ldots\ldots\ldots\ldots\ldots\ldots\ldots\ldots\ldots\ldots\ldots\ldots\ldots\ldots\ldots,$$

et nous conduit ainsi de proche en proche à l'équivalence dont il s'agit. Le chemin (33) équivaut donc à quelque chemin direct de régulateur ρ allant de s_0 en $S^{(2)}$, et, par suite (2°), à tout chemin direct remplissant cette double condition.

Il nous suffit maintenant de faire voir que, si le point en question (3°) est vrai pour un chemin composé de $k-1$ fragments, il l'est encore pour un chemin composé de k fragments, par exemple

$$s_0 \ldots S^{(1)} \ldots S^{(2)} \ldots \text{etc.} \ldots S^{(k-1)} \ldots S^{(k)}.$$

Désignons, à cet effet, par

$$s_0 \ldots S^{(k-1)},$$
$$s_0 \ldots S^{(k)}$$

deux chemins directs, de régulateur ρ, allant respectivement de s_0 à $S^{(k-1)}$ et de s_0 à $S^{(k)}$. On a, d'une part, en vertu de ce qui est admis,

$$\Psi[s_0 \ldots S^{(1)} \ldots S^{(2)} \ldots \text{etc.} \ldots S^{(k-1)}] = \Psi[s_0 \ldots S^{(k-1)}],$$

d'où (31)

$$\Psi[s_0 \ldots S^{(1)} \ldots S_2 \ldots \text{etc.} \ldots S^{(k-1)} \ldots S^{(k)}] = \Psi[s_0 \ldots S^{(k-1)} \ldots S^{(k)}];$$

en se reportant, d'autre part, soit à 2°, soit au cas déjà examiné dans 3°, suivant que le dernier fragment $S^{(k-1)} \ldots S^{(k)}$ est direct ou inverse, on a la relation

$$\Psi[s_0 \ldots S^{(k-1)} \ldots S^{(k)}] = \Psi[s_0 \ldots S^{(k)}],$$

R.

6

qu'il suffit de comparer avec la précédente pour en déduire le point
que nous avons en vue.

IV. *Les hypothèses étant les mêmes que dans notre énoncé général, un
chemin inscrit de régulateur ρ qui contient le fragment*

$$(34) \qquad \begin{cases} (\sigma,\ t_1,\ \ldots), \\ (\sigma,\ t_2,\ \ldots), \\ (s,\ t_3,\ \ldots) \end{cases}$$

*équivaut au chemin inscrit (de même régulateur) que l'on déduit du
premier en remplaçant σ par s dans le sommet intermédiaire du fragment* (34). ₀

Effectivement, le troisième chemin inscrit que l'on déduit du premier en y remplaçant le fragment (34) par

$$(35) \qquad \begin{cases} (\sigma,\ t_1,\ \ldots), \\ (\sigma,\ t_2,\ \ldots), \\ (s,\ t_2,\ \ldots), \\ (s,\ t_3,\ \ldots), \end{cases}$$

est nécessairement praticable, puisqu'il admet, comme les précédents,
le régulateur ρ. D'un autre côté, le second et le troisième sommet du
fragment (35) sont compris dans les limites de convergence du développement correspondant au premier; le troisième et le quatrième,
dans les limites de convergence du développement correspondant au
second. On peut donc, en vertu de l'alinéa II, supprimer à volonté soit
le second, soit le troisième sommet du fragment (35), ce qui fait retomber, soit sur le fragment

$$\begin{cases} (\sigma,\ t_1,\ \ldots), \\ (s,\ t_2,\ \ldots), \\ (s,\ t_3,\ \ldots), \end{cases}$$

soit sur le fragment (34).

V. *Notre proposition est exacte dans le cas général où l'arc donné
dépend de p variables s, t, ...*

Si l'on a égard à l'alinéa III, il suffit évidemment de faire voir qu'en
la supposant exacte pour un arc à $p - 1$ variables, elle l'est nécessairement encore pour l'arc donné.

A cet effet, désignons par $(s_0, t_0, \ldots)$ le point initial de l'arc, et par $(\sigma, \tau, \ldots)$ un système de valeurs arbitrairement choisies dans les intervalles respectifs où les p variables $s, t, \ldots$ sont assujetties à se mouvoir. Si l'on considère l'arc à $p - 1$ variables, obtenu en attribuant à s la valeur fixe s_0 et en faisant mouvoir les autres variables $t, \ldots$ dans ceux des intervalles précédents qui leur correspondent, tous les chemins inscrits de régulateur ρ ayant leur origine en $(t_0, \ldots)$ sont praticables, et, dès lors, en vertu de ce qui est admis, conduisent en $(\tau, \ldots)$ à un seul et même développement final. Si, prenant ensuite ce dernier comme développement fondamental, on considère l'arc à une seule variable obtenu en attribuant à $t, \ldots$ les valeurs fixes $\tau, \ldots$ et en faisant mouvoir s dans l'intervalle qui lui correspond, tous les chemins inscrits de régulateur ρ ayant leur origine en s_0 sont encore praticables, et dès lors (III) conduisent, en σ, à un seul et même développement final. Or, comme nous allons le faire voir, le parcours d'un chemin quelconque de régulateur ρ, inscrit dans l'arc donné de $(s_0, t_0, \ldots)$ à $(\sigma, \tau, \ldots)$, fait nécessairement retomber sur le développement dont il s'agit.

Effectivement, soit

$$(36) \quad \begin{cases} (s_0, t_0, \ldots) \\ (s_1, t_1, \ldots) \\ (s_2, t_2, \ldots) \\ (s_3, t_3, \ldots) \\ (\sigma, \tau, \ldots) \end{cases}$$

un semblable chemin. Le chemin inscrit

$$(37) \quad \begin{cases} \begin{cases} (s_0, t_0, \ldots) \\ (s_0, t_1, \ldots) \\ (s_0, t_2, \ldots) \\ (s_0, t_3, \ldots) \\ (s_0, \tau, \ldots) \end{cases} \\ (s_1, \tau, \ldots) \\ (s_2, \tau, \ldots) \\ (s_3, \tau, \ldots) \\ (\sigma, \tau, \ldots), \end{cases}$$

déduit du précédent à l'aide d'un mécanisme facile à apercevoir, admet aussi le régulateur ρ, et l'on voit sans peine qu'il lui est équivalent : car on peut, en vertu de l'alinéa IV, remplacer s_0 par s_1 dans la cinquième ligne du Tableau (37), puis faire successivement la même substitution dans la quatrième, la troisième et la seconde ligne. Considérant alors le tableau résultant, on pourra de même remplacer s_1 par s_2 dans sa sixième, sa cinquième, sa quatrième et enfin sa troisième ligne. En continuant ainsi et réunissant en un seul les derniers sommets du tableau final, qui coïncident avec $(\sigma, \tau, \ldots)$, on retombera sur le tableau (36).

Il suffit maintenant d'observer que le chemin (37) se compose de deux fragments consécutifs respectivement inscrits dans l'arc à $p-1$ variables et dans l'arc à une variable dont nous avons parlé ci-dessus, le premier de $(t_0, \ldots)$ à $(\tau, \ldots)$, le second de s_0 à σ.

33. Lorsque les hypothèses formulées par l'énoncé du numéro précédent se trouvent réalisées, nous dirons que l'arc donné est *praticable*, avec le *régulateur* ρ, par rapport au développement fondamental. A tout point de cet arc, c'est-à-dire *à tout système de valeurs des indéterminées réelles dont il dépend*, on peut alors faire correspondre un développement déterminé, en s'astreignant à ne considérer que les chemins inscrits de régulateur ρ parmi ceux qui vont de l'origine de l'arc au point considéré ; le parcours d'un semblable chemin se nomme, pour abréger, le *parcours de l'arc*, effectué de l'origine au point dont il s'agit. D'ailleurs, la proposition formulée à l'alinéa II du numéro précédent permet de supprimer parfois tels ou tels sommets du chemin inscrit, ce qui abrège évidemment l'opération.

34. En supposant, comme de raison, que le développement fondamental admette quelque système de rayons de convergence, tout arc continu, tracé à partir du point fondamental dans des limites suffisamment restreintes, est praticable. Considérons, en effet, un arc compris dans les limites de convergence du développement fondamental ; désignons par $f(x, y, \ldots)$ la somme de ce dernier, par $\delta_x, \delta_y, \ldots$ les olomètres de $f(x, y, \ldots)$ sur l'arc dont il s'agit (19), enfin par ρ une quantité positive telle que, sur tout chemin inscrit de régulateur ρ, les différences formées avec les coordonnées imaginaires semblables de

deux sommets consécutifs quelconques présentent des modules respectivement inférieurs à δ_x, δ_y, ... (7) : cela posé, on voit immédiatement que l'arc donné est praticable avec le régulateur ρ (33).

D'un autre côté, deux arcs continus, praticables par rapport à un même développement fondamental et respectivement terminés en deux points de mêmes coordonnées imaginaires, peuvent conduire, soit au même développement final (comme cela aurait lieu, par exemple, si les deux arcs étaient entièrement situés dans les limites de convergence du développement fondamental), soit, au contraire, à deux développements distincts.

Nous dirons, en conséquence, qu'un développement fondamental donné (admettant quelque système de rayons de convergence) définit, non pas une fonction, mais une *pseudo-fonction* (¹) de x, y, ...; nous dirons encore que cette dernière est *calculable* suivant tel ou tel chemin, brisé ou continu, lorsque le chemin dont il s'agit sera praticable par rapport au développement donné (30) (33).

35. *Si l'on substitue à un développement fondamental quelconque sa dérivée d'ordres partiels* p, q, ..., *tout chemin brisé praticable* (30) *relativement aux anciennes données l'est encore relativement aux nouvelles, et les développements successifs obtenus dans le second cas sont les dérivées d'ordres* p, q, ... *de ceux que l'on obtient dans le premier.*

Il en résulte que *la pseudo-fonction définie par les nouvelles données est calculable* (34), *avec le même régulateur, sur tout arc continu où la première est supposée l'être, et que le développement de la seconde en un point quelconque de cet arc* (33) *est la dérivée d'ordres* p, q, ... *du développement correspondant de la première.*

Cette deuxième pseudo-fonction se nomme la *dérivée d'ordres partiels* p, q, ... de la proposée. En tout point d'un arc praticable, les valeurs d'une pseudo-fonction donnée et de ses diverses dérivées sont, aux facteurs numériques connus près, les coefficients du développement correspondant de la pseudo-fonction donnée.

Il est clair que, si deux arcs praticables de même extrémité conduisent, pour une pseudo-fonction donnée, à un même développement

---

(¹) Le terme de *pseudo-fonction* est emprunté à M. Méray.

final, ces deux arcs jouissent de la même propriété relativement à une dérivée quelconque.

36. Si l'on désigne par

$$(38) \qquad f(u, v, \ldots)$$

la somme d'un développement entier en $u - u_0$, $v - v_0$, $\ldots$, et par

$$(39) \qquad U(x, y, \ldots), \quad V(x, y, \ldots), \quad \ldots$$

les sommes de développements entiers en $x - x_0$, $y - y_0$, $\ldots$, ayant respectivement u_0, v_0. $\ldots$ pour termes constants, on sait (27) que, pour des valeurs de x, y, $\ldots$ suffisamment voisines de x_0, y_0, $\ldots$, l'expression

$$(40) \qquad F(x, y, \ldots) = f[U(x, y, \ldots), V(x, y, \ldots), \ldots]$$

peut elle-même être mise sous forme d'un développement entier en $x - x_0$, $y - y_0$, $\ldots$. Ces divers développements, considérés conjointement avec le point fondamental $(u_0, v_0, \ldots)$ s'il s'agit du premier, ou avec le point fondamental $(x_0, y_0, \ldots)$ s'il s'agit des suivants, définissent autant de pseudo-fonctions, auxquelles nous attribuerons les dénominations respectives de pseudo-fonction *composante*, pseudo-fonctions *simples*, pseudo-fonction *composée*.

Avant d'énoncer la proposition générale relative aux pseudo-fonctions composées, il importe d'observer que la valeur variable acquise par une pseudo-fonction donnée de $x, y, \ldots$ aux divers points d'un arc continu praticable, a pour éléments (6) deux fonctions continues (7*) des indéterminées réelles $s, t, \ldots$ dont l'arc dépend. Effectivement, si l'on désigne par $\sigma, \tau, \ldots$ des valeurs particulières attribuées à $s, t, \ldots$, et par $\xi, \eta, \ldots$ les coordonnées imaginaires du point correspondant de l'arc donné, la valeur de notre pseudo-fonction, pour des valeurs de $s, t, \ldots$ suffisamment voisines de $\sigma, \tau, \ldots$, s'obtiendra en substituant aux $2n$ éléments de $x - \xi$, $y - \eta$, $\ldots$, dans un certain développement $G(x, y, \ldots)$, entier par rapport à ces différences, $2n$ fonctions continues de $s, t, \ldots$. Dès lors, pour des valeurs numériquement assez petites de $s - \sigma$, $t - \tau$, $\ldots$, les modules de $x - \xi$, $y - \eta$, $\ldots$ tomberont au-dessous de toute quantité donnée, par conséquent aussi celui de la différence $G(x, y, \ldots) - G(\xi, \eta, \ldots)$, et, à plus forte raison, les valeurs numériques des deux éléments de cette dernière.

D'après cela, *si, dans l'espace indéfini relatif aux variables imaginaires $x, y, \ldots$ (6), on trace, à partir du point fondamental $(x_0, y_0, \ldots)$, un arc continu praticable pour les diverses pseudo-fonctions simples (39), le point ayant pour coordonnées imaginaires les valeurs correspondantes de celles-ci décrit, dans l'espace indéfini relatif aux variables imaginaires $u, v, \ldots$, un arc continu dépendant des mêmes indéterminées réelles que le premier.*

37. Cela posé, *si les diverses pseudo-fonctions simples (39) sont toutes calculables sur un même arc continu (a), et si la composante (38) jouit de la même propriété sur l'arc correspondant (A) décrit par le point*

$$[U(x, y, \ldots), V(x, y, \ldots), \ldots]$$

(36), *la pseudo-fonction composée (40) est calculable sur l'arc (a), et son développement en un point quelconque de celui-ci s'obtient en combinant les développements correspondants (33) des pseudo-fonctions simples et composante à l'aide du mécanisme décrit au n° 27.*

Pour abréger, nous ne ferons guère qu'énoncer successivement les divers points à démontrer.

I. *Lorsqu'une pseudo-fonction de $x, y, \ldots$ est calculable sur un arc donné, on peut assigner certaines constantes positives $\delta_x, \delta_y, \ldots$, que son développement en un point variable de l'arc (33) ne cesse d'admettre comme rayons de convergence.*

Le fait en question se démontre par des raisonnements tout à fait analogues à ceux du n° 18, et nous l'exprimerons d'une manière plus brève en disant que notre pseudo-fonction admet, sur toute l'étendue de l'arc donné, des rayons de convergence au moins égaux à δ_x, $\delta_y, \ldots$.

En désignant par $s, t, \ldots$ les indéterminées réelles dont dépend l'arc donné, soit ω une constante positive telle que, pour deux points

$$(s', t', \ldots), \quad (s'', t'', \ldots),$$

arbitrairement choisis sur cet arc, les différences formées avec les coordonnées imaginaires semblables présentent des modules respectivement inférieurs à δ_x, δ_y, ..., aussitôt que les différences $s'' - s'$, $t'' - t'$, ... sont numériquement inférieures à ω (7) : il n'est pas inutile d'observer que *la constante positive ω, ainsi déterminée, peut servir de régulateur à la pseudo-fonction sur l'arc donné.*

II. *Lorsqu'une pseudo-fonction de x, y, ..., calculable sur un arc donné, admet, sur toute l'étendue de cet arc, les rayons de convergence δ_x, δ_y, ... (I), respectivement supérieurs aux constantes positives δ'_x, δ'_y, ..., on peut assigner une dernière constante positive au-dessous de laquelle tombe sans cesse le module du développement de la pseudo-fonction, quels que soient et le point de l'arc auquel ce développement se rapporte, et les valeurs, de modules inférieurs ou égaux à δ'_x, δ'_y, ..., attribuées aux accroissements variables qui y figurent.*

III. Soient

δ', Δ' deux constantes positives telles que l'on puisse assigner aux diverses pseudo-fonctions simples, tout le long de l'arc (a), quelque système (fixe) de rayons de convergence $> \delta'$, et à la composante, tout le long de l'arc (A), quelque système (également fixe) de rayons de convergence $> \Delta'$ (I);

L une quantité positive au-dessous de laquelle tombent constamment les modules des développements des diverses pseudo-fonctions simples, quels que soient et le point de l'arc (a) auquel ces développements se rapportent, et les valeurs, de modules inférieurs ou égaux à δ', attribuées aux accroissements variables qui y figurent (II);

$\mathfrak{d}$ une quantité positive inférieure à δ', et telle que l'expression

$$L\left[\frac{1}{\left(1 - \frac{\xi}{\delta'}\right)\left(1 - \frac{\eta}{\delta'}\right)\cdots} - 1\right]$$

tombe au-dessous de Δ' tant que les variables positives ξ, η, ... restent à la fois inférieures à $\mathfrak{d}$;

$\mathfrak{r}$ une quantité positive telle que, pour deux points

$$(s', t', \ldots), \quad (s'', t'', \ldots)$$

arbitrairement choisis sur l'arc (a), les différences formées avec les coordonnées imaginaires semblables présentent des modules inférieurs à $\mathfrak{d}$, aussitôt que les différences $s'' - s'$, $t'' - t'$, ... sont toutes numériquement inférieures à r (7).

Cela posé, on se convaincra sans difficulté que la pseudo-fonction composée est calculable sur l'arc (a) avec le régulateur r, et que son développement en un point quelconque de l'arc (a) s'obtient conformément aux indications de l'énoncé.

38. La remarque suivante est parfois utile.

Si les diverses pseudo-fonctions simples sont calculables suivant un même chemin brisé (30), *si, d'autre part, la composante est une fonction indéfiniment olotrope* (12) (26), *la pseudo-fonction composée est elle-même calculable suivant le chemin brisé dont il s'agit; chacun des développements successifs qu'elle fournit alors admet comme rayons de convergence ceux qu'admettent à la fois les développements de même rang des pseudo-fonctions simples, et s'obtient en combinant ces derniers avec celui de la composante.*

39. Soient

$$(41) \qquad U(x, y, \ldots), \quad V(x, y, \ldots), \quad \ldots$$

diverses pseudo-fonctions de x, y, ... (en nombre limité);

$$\Phi(x, y, \ldots), \quad \ldots$$

quelques-unes de leurs dérivées (en nombre également limité) (35);

$$(x_0, y_0, \ldots)$$

le point fondamental commun à toutes ces pseudo-fonctions, et

$$u_0, \quad v_0, \quad \ldots, \quad \varphi_0, \quad \ldots$$

leurs valeurs fondamentales. Soit, d'autre part,

$$(42) \qquad f(x, y, \ldots, u, v, \ldots, \varphi, \ldots)$$

une pseudo-fonction composante avec

$$(x_0, y_0, \ldots, u_0, v_0, \ldots, \varphi_0, \ldots)$$

comme point fondamental.

R.

Si l'on trace à partir de $(x_0, y_0, \ldots)$ un arc praticable pour les diverses pseudo-fonctions (41), *si l'on suppose en outre que l'arc correspondant* (36) *décrit par le point*

$$[x, y, \ldots, \mathrm{U}(x, y, \ldots), \mathrm{V}(x, y, \ldots), \ldots, \Phi(x, y, \ldots), \ldots]$$

soit lui-même praticable pour la pseudo-fonction composante (42), *le simple rapprochement des n°s 35 et 37 nous fait voir que le premier de ces deux arcs est praticable pour la pseudo-fonction composée, et nous apprend à former le développement de cette dernière en un point quelconque de l'arc dont il s'agit, connaissant les développements correspondants des pseudo-fonctions* (41) *et* (42).

Considérons maintenant deux pseudo-fonctions composées, finies ou différentielles, et supposons que les diverses données fondamentales définissant de part et d'autre, comme ci-dessus, les pseudo-fonctions simples et composantes, aient été choisies de telle manière que les développements fondamentaux des deux pseudo-fonctions composées soient identiques. Si l'on trace alors, à partir du point fondamental commun à ces dernières, un arc tel que la proposition précédente soit applicable à toutes deux, leurs développements construits, d'après le mécanisme indiqué, en un même point quelconque de l'arc dont il s'agit, seront, eux aussi, identiques l'un à l'autre.

40. *Désignons par*

$$(43) \qquad f_1(x, y, \ldots), \quad f_2(x, y, \ldots), \quad \ldots, \quad f_g(x, y, \ldots), \quad \ldots.$$

des pseudo-fonctions toutes calculables sur un même arc continu partant du point fondamental commun, et supposons que, pour chaque point particulier de l'arc dont il s'agit (c'est-à-dire pour chaque système de valeurs particulières attribuées aux indéterminées réelles s, t, $\ldots$ dont il dépend), on puisse assigner : 1° un système de rayons de convergence δ_x, δ_y, $\ldots$, commun en ce point à toutes les pseudo-fonctions de la suite, mais variable d'un point à l'autre; 2° un groupe de quantités positives

$$\delta'_x < \delta_x, \quad \delta'_y < \delta_y, \quad \ldots,$$

et une série convergente à termes positifs

$$\mathrm{M}_1 + \mathrm{M}_2 + \ldots + \mathrm{M}_g + \ldots,$$

variables encore d'un point à l'autre, et tels que les développements des diverses pseudo-fonctions (43) au point considéré conservent des modules respectivement inférieurs à M_1, M_2, ..., M_g, ..., lorsqu'on attribue aux accroissements variables qui y figurent des valeurs quelconques de modules respectivement inférieurs ou égaux à δ'_x, δ'_y, ...

Cela étant, si l'on considère la série ayant pour termes les sommes des développements fondamentaux des pseudo-fonctions proposées, qu'on la transforme en une autre procédant suivant les termes élémentaires de ces séries partielles, et qu'on opère finalement la réduction des termes semblables, la pseudo-fonction définie par le développement résultant est elle-même calculable sur l'arc donné, et son développement en un point quelconque de celui-ci peut se déduire, à l'aide du même mécanisme, des développements correspondants des pseudo-fonctions proposées.

On démontrera, par des raisonnements analogues à ceux du n° 18, que les quantités δ'_x, δ'_y, ..., variables d'un point à l'autre de l'arc donné, restent toujours au moins égales à certaines constantes positives $\mathfrak{d}_x$, $\mathfrak{d}_y$, ...; puis, on désignera par $\mathfrak{r}$ une constante positive telle que, pour deux points

$$(s', t', \ldots), \quad (s'', t'', \ldots),$$

arbitrairement choisis sur l'arc donné, les différences formées avec les coordonnées imaginaires semblables présentent des modules respectivement inférieurs à $\mathfrak{d}_x$, $\mathfrak{d}_y$, ..., aussitôt que les différences $s'' - s'$, $t'' - t'$, ... sont toutes numériquement inférieures à $\mathfrak{r}$ (7), et l'on fera voir que la pseudo-fonction déduite des proposées par le mécanisme indiqué est calculable sur l'arc donné avec le régulateur $\mathfrak{r}$.

44. Les fonctions proprement dites (et c'est là une observation de la plus haute importance) se définissent très souvent à l'aide de pseudo-fonctions ; le mécanisme de cette génération est d'ailleurs très facile à saisir.

Étant donnés une pseudo-fonction de x, y, ..., et un espace continu (4) comprenant le point fondamental, considérons, parmi les arcs tracés à partir de ce point dans l'espace donné, ceux qui satisfont à tel ou tel groupe de conditions (comme, par exemple, de dépendre d'indéterminées réelles en tel ou tel nombre, ou bien encore d'en dépendre par des relations de telle ou telle nature, etc.). Si tout point $(x, y, \ldots)$ de l'espace donné se trouve situé sur quelqu'un des arcs dont il s'agit, si de plus ces derniers sont tous praticables, si enfin le développement auquel on est conduit à l'extrémité de chacun d'eux dépend uniquement des coordonnées imaginaires de cette extrémité, et non de l'arc suivi pour y arriver, il est clair que l'on peut, à l'aide de notre pseudo-fonction, définir dans l'espace donné une fonction proprement dite de $x, y, \ldots$.

42. *Deux arcs continus, praticables par rapport à un développement fondamental donné, et aboutissant respectivement en deux points de mêmes coordonnées imaginaires, conduisent au même développement final, si les deux chemins brisés à l'aide desquels celui-ci s'obtient de part et d'autre* (33) *peuvent être choisis de manière à constituer les deux termes extrêmes de quelque suite de chemins brisés, ayant tous mêmes points initial et final que les arcs proposés, et satisfaisant à la triple condition :*

1° *Que les sommets soient en même nombre sur deux quelconques d'entre eux ;*

2° *Qu'en désignant par* δ_x, δ_y, ... *certaines constantes positives, les différences formées avec les coordonnées imaginaires semblables de deux sommets consécutifs appartenant à un même chemin, ou de deux sommets de même rang appartenant à deux chemins consécutifs, présentent toujours des modules respectivement inférieurs à* $\dfrac{\delta_x}{2}$, $\dfrac{\delta_y}{2}$, ... ;

3° *Enfin, que les développements successifs auxquels conduit l'un quelconque de ces chemins admettent tous comme rayons de convergence les constantes* δ_x, δ_y, ...

Il suffit évidemment de démontrer l'équivalence de deux chemins consécutifs pris dans la suite dont parle l'énoncé. Or, si l'on désigne par

$$(a)_0 \, (a)_1 \, (a)_2 \ldots (a)_i \, (\mathrm{A})$$

et

$$(a)_0 \, (\alpha)_1 \, (\alpha)_2 \ldots (\alpha)_i \, (\mathrm{A})$$

les deux chemins en question, nos hypothèses, combinées avec le n° 31 et l'alinéa I du n° 32, donnent successivement

$$\Psi[(a)_0\,(\alpha)_1] = \Psi[(a)_0\,(a)_1\,(\alpha)_1],$$

puis

$$\Psi[(a)_0(\alpha)_1(\alpha)_2]$$
$$= \Psi[(a)_0(a)_1(\alpha)_1(\alpha)_2] = \Psi[(a)_0(a)_1(\alpha)_2] = \Psi[(a)_0(a)_1(a)_2(\alpha)_2],$$

d'où

$$\Psi[(a)_0(\alpha)_1(\alpha)_2] = \Psi[(a)_0(a)_1(a)_2(\alpha)_2];$$

puis encore

$$\Psi[(a)_0(\alpha)_1(\alpha)_2(\alpha)_3] = \Psi[(a)_0(a)_1(a)_2(\alpha)_2(\alpha)_3]$$
$$= \Psi[(a)_0(a)_1(a)_2(\alpha)_3] = \Psi[(a)_0(a)_1(a)_2(a)_3(\alpha)_3],$$

d'où

$$\Psi[(a)_0(\alpha)_1(\alpha)_2(\alpha)_3] = \Psi[(a)_0(a)_1(a)_2(a)_3(\alpha)_3];$$

etc.

On arrivera ainsi à

$$\Psi[(a)_0(\alpha)_1(\alpha)_2 \ldots (\alpha)_i] = \Psi[(a)_0(a)_1(a)_2 \ldots (a)_i(\alpha)_i],$$

et finalement à

$$\Psi[(a)_0(\alpha_1)(\alpha)_2 \ldots (\alpha)_i(\Lambda)]$$
$$= \Psi[(a)_0(a)_1(a)_2 \ldots (a)_i(\alpha)_i(\mathrm{A})] = \Psi[(a)_0(a)_1(a)_2 \ldots (a)_i(\mathrm{A})].$$

Application des théories précédentes.

43. Désignant par u une fonction inconnue des variables imaginaires x, y, ..., et par x_0, y_0, ... des valeurs fixes respectivement attribuées à ces dernières, considérons un système d'équations différentielles ayant respectivement pour premiers membres certaines dérivées d'ordres partiels donnés de la fonction inconnue, et pour seconds membres autant de développements entiers en $x - x_0$, $y - y_0$, ... La recherche de tous les développements de même forme qui, substitués à u dans ces diverses équations, en rendent les premiers membres respectivement identiques aux seconds, se trouve contenue tout entière dans les considérations suivantes, que nous nous bornerons à rappeler comme étant connues de tout le monde.

I. Nous nommerons *dérivées principales* de la fonction inconnue celles qui figurent dans les divers premiers membres du système proposé, ou qui peuvent se déduire de quelqu'un d'entre eux par des différentiations convenables. Les autres dérivées porteront le nom de *paramétriques* ([1]).

Par exemple, si les dérivées du premier ordre de la fonction inconnue sont toutes données, ses dérivées de tous ordres sont nécessairement principales.

Si les dérivées d'ordre total K, sans aucune d'ordre inférieur, sont toutes données, les dérivées d'ordre inférieur à K sont paramétriques, et toutes les autres sont principales.

Dans le système

$$\frac{d^2 u}{dy\,dz} = \mathrm{P}, \qquad \frac{d^2 u}{dz\,dx} = \mathrm{Q}, \qquad \frac{d^2 u}{dx\,dy} = \mathrm{R},$$

où u désigne une fonction inconnue et P, Q, R trois fonctions connues des variables indépendantes x, y, z, les dérivées de u qui contiennent au dénominateur de leur notation la différentielle d'une seule variable sont paramétriques, tandis que toutes les autres sont principales.

II. *Si la somme de quelque développement entier en* $x - x_0$, $y - y_0$, ... *vérifie identiquement les diverses équations du système, elle vérifie encore toutes celles qu'il est possible d'en déduire par des différentiations quelconques.*

Une identité constante entre les diverses expressions ainsi obtenues pour une même dérivée principale quelconque est donc une condition absolument *nécessaire* à l'existence des intégrales cherchées. D'ailleurs, les relations mutuelles que cette condition impose aux divers seconds membres se ramènent à un nombre fini d'entre elles, dont les autres ne sont que de simples conséquences, et que nous nommerons, suivant l'usage, *conditions d'intégrabilité*.

([1]) Les locutions de *dérivées principales* et de *dérivées paramétriques* se trouvent déjà employées dans un Mémoire publié par M. Méray avec notre collaboration et intitulé : *Sur la convergence des développements des intégrales ordinaires d'un système d'équations différentielles partielles* (*Annales de l'École Normale*, janvier, février et mars 1890).

III. *Tout développement entier en* $x - x_0, y - y_0, \ldots,$ *dont la somme* $f(x, y, \ldots)$ *vérifie identiquement les équations proposées, peut être reconstruit, dès que l'on connaît seulement les valeurs prises en* $x_0, y_0, \ldots$ *par* $f(x, y, \ldots)$ *et ses diverses dérivées paramétriques.*

Nous nommerons *détermination initiale* ([1]) de l'intégrale la partie du développement qui correspond à l'ensemble des dérivées paramétriques, par opposition avec la partie restante, que nous nommerons *partie principale.*

IV. *Les conditions d'intégrabilité* (II) *étant supposées satisfaites, il existe, pour une détermination initiale arbitrairement choisie (sous la seule restriction d'être convergente), un développement et un seul dont la somme vérifie identiquement les équations proposées; la partie principale de ce développement converge dans les limites où les divers seconds membres jouissent à la fois de cette propriété.*

Nous nommerons *intégrale principale* l'intégrale particulière qui correspond à une détermination identiquement nulle.

44. Nous considérerons maintenant des systèmes de la forme suivante :

Les n variables indépendantes étant partagées en deux groupes déterminés, tels que

$$(44) \qquad x, \quad y, \quad \ldots,$$
$$(45) \qquad x', \quad y', \quad \ldots :$$

1° *Les seconds membres du système considéré se réduisent à de simples développements entiers en*

$$x - x_0, \quad y - y_0, \quad \ldots, \quad x' - x'_0, \quad y' - y'_0, \quad \ldots;$$

2° *Les dérivées de la fonction inconnue qui en constituent respectivement les premiers membres, ne renferment, aux dénominateurs de leurs notations, aucune des différentielles* $dx', dy', \ldots$ *des variables* (45);

3° *Le système dont il s'agit renferme quelque groupe d'équations en*

([1]) Locution déjà employée dans le Mémoire cité à la page précédente.

nombre égal à celui des variables (44), *et ayant respectivement pour premiers membres*

$$\frac{d^h u}{dx^h}, \quad \frac{d^k u}{dy^k}, \quad \ldots,$$

où h, k, ... *désignent des entiers positifs quelconques.*

Il est bien facile de voir que, *dans la détermination initiale* (43, III), *ordonnée par rapport à* $x - x_0$, $y - y_0$, ..., *certains termes, d'exposants déterminés, et en nombre essentiellement limité, ont alors pour coefficients des séries arbitraires en* $x' - x'_0$, $y' - y'_0$, ..., *tandis que tous les autres ont pour coefficients zéro.* Nous nommerons, pour abréger, *coefficients de la détermination initiale* les séries arbitraires dont nous venons de parler.

45. Les variables imaginaires étant partagées, comme au numéro précédent, en deux groupes (44), (45), qui en contiennent chacun un nombre quelconque, traçons dans l'espace indéfini relatif aux variables $x, y, \ldots$, un arc continu partant de $(x_0, y_0, \ldots)$, puis, dans l'espace indéfini relatif aux variables $x', y', \ldots$, un deuxième arc continu partant de $(x'_0, y'_0, \ldots)$: la considération simultanée de ces deux arcs, que nous supposerons dépendre respectivement de deux groupes d'indéterminées réelles

$$s, \quad t, \quad \ldots,$$
$$s', \quad t', \quad \ldots,$$

n'ayant aucune indéterminée commune, fournit un troisième arc continu tracé à partir de $(x_0, y_0, \ldots, x'_0, y'_0, \ldots)$ dans l'espace indéfini relatif à toutes les variables imaginaires. Pour abréger, nous désignerons respectivement ces trois arcs par A, A' et (A, A').

Cela posé, et *le système différentiel donné étant de la forme définie au numéro précédent, une intégrale particulière du système en question est calculable sur l'arc* (A, A'), *si les seconds membres jouissent tous de cette propriété, et qu'en même temps les coefficients de la détermination initiale* (44) *soient tous calculables sur l'arc* A'.

I. *Si les divers seconds membres du système défini au* n° 44 *sont calculables suivant un chemin brisé, pour tous les sommets duquel les variables imaginaires* x, y, ... *du premier groupe restent fixes, l'inté-*

grale principale (43, IV) *est également calculable suivant le chemin dont il s'agit, et chacun des développements successifs qu'elle fournit alors admet comme rayons de convergence ceux qu'admettent à la fois les développements de même rang fournis par les divers seconds membres.*

En vertu du n° 35, toute dérivée de l'intégrale principale jouit comme elle de cette propriété.

En effet, le développement de l'intégrale principale, construit à partir du sommet initial de notre chemin brisé, admet, comme on sait, les rayons de convergence communs aux développements correspondants des divers seconds membres (43, IV), et un cheminement direct permettra, pour lui comme pour eux, de passer du premier sommet au second. Si, dans le système donné, on remplace alors les seconds membres par leurs développements respectifs construits à partir du deuxième sommet, on voit immédiatement que le développement de notre intégrale, construit à partir du même sommet, est encore intégrale *principale* relativement au nouveau système. On raisonnera de la même manière sur ce nouveau système, puis sur un troisième, et ainsi de suite jusqu'à ce que l'on soit parvenu au sommet final.

II. *Considérons un chemin brisé*

$$[(a)_0, (a')_0] = [(x_0, y_0, \ldots), (x'_0, y'_0, \ldots)]$$
$$[(a)_0, (a')_1] = [(x_0, y_0, \ldots), (x'_1, y'_1, \ldots)]$$
$$\cdots\cdots\cdots\cdots\cdots\cdots\cdots\cdots\cdots\cdots\cdots$$
$$[(a)_0, (a')_k] = [(x_0, y_0, \ldots), (x'_k, y'_k, \ldots)]$$
$$[(a)_0, (a')_{k+1}] = [(x_0, y_0, \ldots), (x'_{k+1}, y'_{k+1}, \ldots)]$$
$$\cdots\cdots\cdots\cdots\cdots\cdots\cdots\cdots\cdots\cdots\cdots$$
$$[(a)_0, (a')_g] = [(x_0, y_0, \ldots), (x'_g, y'_g, \ldots)]$$

satisfaisant à la double condition : 1° *que les coordonnées imaginaires correspondant aux variables* $x, y, \ldots$ *conservent, pour tous les sommets, des valeurs fixes* $x_0, y_0, \ldots$; 2° *que, pour deux sommets consécutifs quelconques, les différences formées avec les coordonnées imaginaires de mêmes noms, parmi celles qui correspondent aux variables* $x', y', \ldots$, *présentent des modules toujours inférieurs aux constantes positives* $\delta_{x'}, \delta_{y'}, \ldots$.

Considérons en outre une pseudo-fonction de $x, y, \ldots, x', y', \ldots$, *cal-*

culable suivant le chemin brisé dont il s'agit, de telle manière que les $g + 1$ développements successifs auxquels ce dernier conduit admettent tous comme rayons de convergence les constantes positives $\overset{\circ}{\delta}_x, \overset{\circ}{\delta}_y, \ldots, \overset{\circ}{\delta}_{x'}, \overset{\circ}{\delta}_{y'}, \ldots$

Cela étant, si, parvenu en un sommet quelconque $[(a)_0, (a')_k]$, on ordonne par rapport à $x' - x'_k, y' - y'_k, \ldots$ le développement correspondant, et que l'on attribue ensuite à $x, y, \ldots$ des valeurs particulières vérifiant les relations

$$\mathrm{mod}\,(x - x_0) < \overset{\circ}{\delta}_x, \qquad \mathrm{mod}\,(y - y_0) < \overset{\circ}{\delta}_y, \qquad \ldots,$$

le chemin brisé

$$(a')_k \, (a')_{k+1} \, \ldots \, (a')_g$$

est praticable pour le développement résultant.

Le seul énoncé de cette proposition subsidiaire suffit presque à en faire apercevoir l'évidence.

III. Revenant à notre énoncé général, désignons par

$$(46) \qquad\qquad \overset{\partial}{\delta}_x, \quad \overset{\partial}{\delta}_y, \quad \ldots, \quad \overset{\partial}{\delta}_{x'}, \quad \overset{\partial}{\delta}_{y'}, \quad \ldots$$

des constantes positives telles, que, en un point quelconque de l'arc $(A. A')$, les pseudo-fonctions définies par les seconds membres de notre système admettent comme rayons de convergence les constantes dont il s'agit (37, 1). Désignons ensuite par ω une constante positive suffisamment petite : 1° pour que les coefficients de la détermination initiale admettent tous sur l'arc A' le régulateur ω; 2° pour que, deux points

$$(\sigma, \tau, \ldots, \sigma', \tau', \ldots),$$
$$(\mathfrak{s}, \mathfrak{t}, \ldots, \mathfrak{s}', \mathfrak{t}', \ldots)$$

étant arbitrairement choisis sur l'arc (A, A'), les différences formées avec leurs coordonnées imaginaires semblables présentent des modules respectivement inférieurs aux constantes (46), dès que les différences

$$\sigma - \mathfrak{s}, \quad \tau - \mathfrak{t}, \quad \ldots, \quad \sigma' - \mathfrak{s}', \quad \tau' - \mathfrak{t}', \quad \ldots$$

sont toutes numériquement inférieures à ω. Cela posé, nous effectuerons notre démonstration en prouvant que l'intégrale particulière considérée est calculable suivant tout chemin de régulateur ω, inscrit dans (A, A') (5) (32).

Désignons en effet par

$$
(47)\quad
\begin{cases}
[(a)_0,\ (a')_0] = [(x_0,\ y_0,\ \ldots),\ (x'_0,\ y'_0,\ \ldots)], \\
[(a_1),\ (a')_1] = [(x_1,\ y_1,\ \ldots),\ (x'_1,\ y'_1,\ \ldots)], \\
[(a)_2,\ (a')_2] = [(x_2,\ y_2,\ \ldots),\ (x'_2,\ y'_2,\ \ldots)], \\
\cdots\cdots\cdots\cdots\cdots\cdots\cdots\cdots\cdots\cdots\cdots\cdots, \\
[(a)_g,\ (a')_g] = [(x_g,\ y_g,\ \ldots),\ (x'_g,\ y'_g,\ \ldots)]
\end{cases}
$$

les points de l'espace à $2n$ dimensions qui correspondent aux sommets successifs d'un semblable chemin inscrit. L'intégrale particulière que nous considérons s'obtient en ajoutant à l'intégrale principale P_0 du système donné Σ_0 la détermination initiale D_0. En vertu de notre hypothèse, combinée avec l'observation du n° 38, la pseudo-fonction définie par D_0 est calculable suivant le chemin brisé (47), et tout revient alors à faire voir que la pseudo-fonction définie par P_0 jouit de la même propriété.

En premier lieu, puisque le développement P_0 admet les rayons de convergence communs à tous les seconds membres de Σ_0 (43, IV), on pourra, pour lui comme pour eux, cheminer directement du sommet $[(a)_0,)\,(a')_0]$ au sommet $[(a)_1,\ (a')_1]$. Cela posé, si dans les équations du système donné Σ_0 on remplace les divers seconds membres par leurs développements construits à partir des valeurs

$$
x_1,\ y'_1,\ \ldots,\ x'_1,\ y'_1,\ \ldots,
$$

le développement de l'intégrale P_0, construit à partir des mêmes valeurs, vérifie identiquement le système ainsi formé Σ_1. Ce développement peut d'ailleurs se décomposer en deux parties P_1, D_1, jouant, à l'égard du système Σ_1, les rôles respectifs d'intégrale principale et de détermination initiale. Tout revient alors à faire voir : 1° que l'intégrale principale P_1 est calculable suivant le chemin brisé

$$
(48)\quad
\begin{cases}
[(a)_1,\ (a')_1], \\
[(a)_2,\ (a')_2], \\
\cdots\cdots\cdots \\
[(a)_g,\ (a')_g];
\end{cases}
$$

$2°$ que les coefficients de la détermination initiale D_1 le sont suivant le chemin brisé

$$(49) \qquad\qquad (a')_1 \; (a')_2 \; \ldots \; (a')_g.$$

Or, à un facteur numérique près, chaque coefficient de D_1 est la valeur que prend, pour $x = x_1$, $y = y_1$, ... (et pour des valeurs de x', y', ... suffisamment voisines de x'_1, y'_1, ...) l'intégrale P_0 ou quelqu'une de ses dérivées relatives aux seules variables x, y, ... Au même facteur près, ce coefficient peut donc s'obtenir en développant P_0 ou la dérivée dont il s'agit à partir des valeurs

$$x_0, \quad y_0, \quad \ldots, \quad x'_1, \quad y'_1, \quad \ldots,$$

ordonnant par rapport aux différences $x' - x'_1$, $y' - y'_1$, ... et faisant dans le résultat $x = x_1$, $y = y_1$, ... Cela posé, il résulte de nos hypothèses que le chemin brisé

$$
\begin{aligned}
[(a)_0, (a')_0] &= [(x_0, y_0, \ldots), (x'_0, y'_0, \ldots)], \\
[(a)_0, (a')_1] &= [(x_0, y_0, \ldots), (x'_1, y'_1, \ldots)], \\
[(a)_0, (a')_2] &= [(x_0, y_0, \ldots), (x'_2, y'_2, \ldots)], \\
&\cdots\cdots\cdots\cdots\cdots\cdots\cdots\cdots\cdots\cdots, \\
[(a)_0, (a')_g] &= [(x_0, y_0, \ldots), (x'_g, y'_g, \ldots)],
\end{aligned}
$$

est praticable pour chacun des développements (entiers en $x - x_0$, $y - y_0$, ..., $x' - x'_0$, $y' - y'_0$, ...) figurant dans les seconds membres du système donné Σ_0, et conduit, pour chacun d'entre eux, à des développements successifs admettant les rayons de convergence (46) ; il jouit donc des mêmes propriétés par rapport au développement P_0 ou à l'une quelconque de ses dérivées (I). D'ailleurs, pour deux sommets consécutifs quelconques, les différences telles que $x'_{k+1} - x'_k$, $y'_{k+1} - y'_k$, ... présentent des modules respectivement inférieurs à $\delta_{x'}$, $\delta_{y'}$, ... Finalement, comme les valeurs particulières x_1, y_1, ... satisfont aux conditions

$$\operatorname{mod}(x_1 - x_0) < \delta_x, \qquad \operatorname{mod}(y_1 - y_0) < \delta_y, \qquad \ldots,$$

notre lemme de l'alinéa II est applicable et montre que chaque coefficient (44) de D_1, obtenu à l'aide des opérations décrites ci-dessus, est calculable suivant le chemin brisé (49).

Tout revient alors à prouver que l'intégrale principale P_1 est calculable suivant le chemin brisé (48). On fera pour cela un raisonnement analogue à celui que nous venons de faire sur P_0, et l'on continuera ainsi jusqu'à ce que l'on soit parvenu au sommet final du chemin brisé (47).

46. *En désignant par x, y, ... les n variables indépendantes imaginaires (que nous supposons cette fois former un groupe unique), si le système donné a pour seconds membres de simples développements entiers en $x - x_0$, $y - y_0$, ..., et s'il renferme quelque groupe de n équations ayant respectivement pour premiers membres*

$$\frac{d^h u}{dx^h}, \quad \frac{d^k u}{dy^k}, \quad \dots,$$

tout chemin brisé praticable à la fois pour les divers seconds membres l'est aussi pour une intégrale particulière quelconque; en outre, chacun des développements successifs que fournit alors le calcul par cheminement de l'intégrale considérée admet comme rayons de convergence ceux qu'admettent à la fois les développements de même rang fournis par les divers seconds membres.

On le voit sans peine en observant que la détermination initiale est ici un simple polynôme en $x, y, \dots$.

(Extrait des *Annales de l'École Normale supérieure*, 3ᵉ série, t. VIII; 1891.)

TABLE DES MATIÈRES.

16838   Paris. — Imprimerie GAUTHIER-VILLARS ET FILS, quai des Grands-Augustins, 55.

www.ingramcontent.com/pod-product-compliance
Ingram Content Group UK Ltd.
Pitfield, Milton Keynes, MK11 3LW, UK
UKHW022319120726
13694UKWH00004B/1473